高等教育“十三五”素质教育系列教材

（新编）大学生职业规划与学业管理指南（第三版）

（XINBIAN）DAXUESHENG ZHIYE GUIHUA YU XUEYE GUANLI ZHINAN DI-SAN BAN

张龙成　张立敏　翟瑞谦
何明旻　高子然　编　著

图书在版编目（CIP）数据

（新编）大学生职业规划与学业管理指南／张龙成等编著. —3 版. —天津：天津大学出版社，2018.6
高等教育“十三五”素质教育系列教材
ISBN 978-7-5618-6146-2

Ⅰ.①新… Ⅱ.①张… Ⅲ.①大学生—职业选择—高等学校—教材②大学生—学业评定—高等学校—教材
Ⅳ.①G647.38 ②G642.475

中国版本图书馆 CIP 数据核字（2018）第 129804 号

出版发行 天津大学出版社
地　　址 天津市卫津路 92 号天津大学内（邮编：300072）
电　　话 发行部：022-27403647
网　　址 publish.tju.edu.cn
印　　刷 廊坊市海涛印刷有限公司
经　　销 全国各地新华书店
开　　本 148mm×210mm
印　　张 6.625
字　　数 187 千
版　　次 2018 年 6 月第 1 版
印　　次 2018 年 6 月第 1 次
定　　价 37.00 元

寄 语

大学生应是独立自主把握自己命运的人……真正的大学生能主动替自己订下学习目标、善于开动脑筋，并知道工作意味着什么。这是一种精神上的升华，每一个人都可以感受到自己被召唤成为最伟大的人。

——德国存在主义哲学家、心理学家和教育家

雅斯贝尔斯

让大学四年不留遗憾
（第一、二版序）

大学四年是人生最璀璨的年华，是人生马拉松赛起跑前最后的准备阶段。一个人在此阶段的抉择和所作所为，直接关系到在尔后的人生马拉松赛中能跑多远，能否成为笑到最后的人。

令人遗憾的是，不少同学进入大学后却失去了目标和方向，开始放松或放纵自己，懵懵懂懂混日子。殊不知，大学时光虽然美好，但却异常短暂，稍纵即逝。临近毕业，当这些同学审视自己几年的大学生活，会感到极度失望和后悔，后悔自己虚度了时光。可惜后悔已晚，时光不可能因为我们的后悔而倒流！

看见这些因虚度大学时光而感到沮丧、无奈的同学，我不由得想起了布赖恩的一句名言：命运不是机遇的问题，而是选择的问题；不是等待的东西，而是去争取的东西。人的命运固然与机遇有关，但更多的是自己如何选择的问题。人生就是一个不断选择的过程，进入大学后尤其如此。如何选择自己的专业和职业；如何确立自己的人生理想和目标；如何选择自己的职业发展路径；如何打造自己的职业素养和核心竞争力；如何对自己的学业进行有效规划和管理，确保每天都有进步，每天都过得有意义和价值……这一系列的选择，对我们的未来和命运将产生决定性的影响。

美国哈佛大学曾对一群智力、学历、环境等条件大体相同的大学生进行过调查，发现他们中27%的人没有目标，60%的人目标模糊，10%的人有着清晰但比较短期的目标，3%的人有着清晰而长远的目标。

25年后，哈佛大学再次对这群大学生进行了跟踪调查，调查结果如下：27%没有目标的人生活在社会底层，常失业，靠救济为生，他们常常抱怨他人，抱怨社会，也抱怨自己；60%目标模糊的人工作生活安稳，没有特别的成就，几乎都生活在社会的中下层；10%有着清晰但比较短期目标的人成了各行业的专门人才，大都生活在社会的中上层；而3%有着清晰而长远目标的人几乎都成为创业者、行业领袖、社会精英。

是什么造成了如此巨大的反差？原因不言自明：25 年前，在大学期间，他们中的一些人就有了明确的目标，知道自己最想要的是什么，进入社会后朝着这个方向不懈努力；而多数人则不清楚或不甚清楚自己的目标，不知道自己要到哪里去，在大学期间乃至进入社会后，随波逐流，工作、生活缺乏激情和动力。

由此可见，大学阶段所做的选择对人生的影响是多么巨大！

虽然“计划赶不上变化”，但寻找一个大方向来指引开展行动，结果终究会更好一些。

为了帮助大学生尽早确立清晰、长远的目标，并运用目标管理的理论和方法对自己的职业生涯进行科学规划，对大学四年的学业进行有效管理，我们于 2007 年编写了《大学生职业生涯规划和学业管理手册》，并在四川大学出版社正式出版。该手册出版后，受到了学生的普遍欢迎和同行的高度评价。学生们纷纷反映，《大学生职业生涯规划和学业管理手册》犹如人生的 GPS，有了它不仅知道自己要到哪里去，而且知道怎样到达自己想去的地方。并于 2014 年对手册内容进行了修订，并更名为《新编大学生职业规划与学业管理指南》，由天津大学出版社正式出版。该教材使用以来，获得了多项省级科研奖励，同时也获得了学生的纷纷好评。

学生和同行的高度评价令我们深受鼓舞。为了进一步增强手册的实用性和可操作性，使其更具指导价值，我们在总结几年教学和手册使用经验的基础上，根据学生反馈的意见和建议，对手册再次进行了修订和完善，并将书名更改为《新编大学生职业规划与学业管理指南》。

最后愿同学们在本书的指引下，学会自我管理，尽早确立自己的人生目标和方向，尽快对自己的大学学业进行科学规划和有效管理，在大学四年期间始终保持高昂的热情、顽强的意志、精进的精神，坚持大处着眼、小处入手，把握当下，珍惜分秒，让每一天不留遗憾，让大学四年成为人生美好无尽的回忆。

王金顺
二〇一四年春于四川大学锦江学院

把握人生，规划先行
（第三版序）

大学是人生非常重要的阶段，也是学生正式进入职业生涯的准备阶段。站在人生的十字路口，你是否开始深刻思考未来的人生道路？然而遗憾的是，许多大学生或因懵懵懂懂，或因彷徨迟疑，或因玩耍游猎，进入到大学这个宝库几年，却空手而归，留下无限的遗憾。故对大学生而言，职业生涯规划显得尤为重要，其可帮助学生树立明确的目标，运用科学的方法，切实可行的措施，认识自己，发挥个人专长，克服种种困阻，最终获得学业和事业的成功。而在进行职业规划的同时，既要根据个人实际情况考虑今后职业发展方向，更要立足当下，规划好、管理好大学几年的生涯，不然职业规划就会陷入空谈。

故此，我们在 2006 年就面对全校学生开设了“大学生职业生涯规划”必修课，并于 2007 年编写了《大学生职业生涯规划和学业管理手册》，由四川大学出版社正式出版，并使用，获得了许多好评；2014 年，我们对 2007 年版的手册进行了初步修订，并更名为《新编大学生职业规划与学业管理指南》，由天津大学出版社正式出版。为了保持与时俱进，进一步增强指南的实用性和可操作性，使其更具指导价值，我们在总结几年教学和指南使用经验的基础上，根据学生反馈的意见和建议，对该书进行了第三次修订和完善，按照“认识自己——认识职业——规划路径——求学与求职”这一思路进行进一步调整。

其一，书中新增大量探索类的问题，用来引导同学们去思考和实践，并将思考和实践的内容和收获进行记录，一方面有助于使同学们对规划保持专注，另一方面也有助于日后的回顾和调整，以更好地帮助同学们完成对自己职业生涯和学业的规划和实施。

其二，重新布局，更换了章节内容，修改了章节名称，将职业生涯规划分为了四步走，第一步是认识自己，第二步是认识职业，第三步是规划路径，第四步是求学与求职，让学生能更加明确如何规划自己的人生；

其三，增加和撤换了一部分测试量表，以便更有针对性地为学生职业规划和人生规划服务；

其四，更加注重实用性，真正将书本的理论知识与学生实际规划紧密集合起来，让该书能真正用到实处。

编者在编写本书的过程中，参考了国内外相关出版物和互联网上的相关资料。在此向这些出版物和资料的原创作者表示诚挚的感谢。同时，也对为本书做出正确指导的领导，为本书付出辛苦努力的老师，为本书提出宝贵修改意见的学生，为出版本书的工作人员表示真心谢忱。

董小伟

二〇一八年春于四川大学锦江学院

个人信息档案

我的姓名：________________我的家乡：________________

所在学院：________________所学专业：________________

参加社团：________________担任职务：________________

父亲生日：________年________月________日

母亲生日：________年________月________日

业余爱好（空余时间喜欢做的事）：__________________________

____

____

____

____

喜欢的歌曲（写明喜欢的原因）：__________________________

____

____

____

____

喜欢的影片（写明喜欢的原因）：__________________________

____

____

____

____

____

喜欢的文学作品（写明喜欢的原因）：

心中偶像（可以多位，并写明喜欢的原因）：

我们的寝室公约（可以包括室友特点、寝室特色及基本的约定与奖惩）：

我的大学宣言（如读大学的目标）：

我的职业宣言（如未来的职业目标）：________________________

____

____

____

____

____

我的座右铭、人生宣言（如人生奋斗的目标或生命的意义）：___

____

____

____

____

____

目　录

第一编

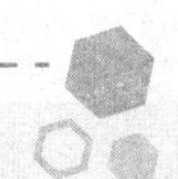

职业生涯规划第一步：认识自己

Man's dearest possession is life. It's given to him but once, and he must live it so as to feel no torturing regrets for wasted years, never know the burning shame of a mean and petty past; so live that, dying, he might say: all my life , all my strength were given to the finest cause in all the world——the fight for the Liberation of Mankind.

————N. Os trovsky

人最宝贵的是生命。每个人的生命只有一次。人的一生应该这样度过：当回忆往事时，他不因虚度年华而悔恨，也不因碌碌无为而羞愧；临死的时候他能说：我的整个生命和全部精力，都献给了世界上最壮丽的事业——为解放全人类而斗争。

————尼·奥斯特洛夫斯基

第一节 内省比较法

（1）请在10分钟内，写出20个以“我是”开头的句子。尽量选择能够展现自己个性，概括自身特点的句子。

我是________________。

我是________________。

我是________________。

我是________________。

我是________________。

我是________________。

我是________________。

我是________________。

我是________________。

我是________________。

我是________________。

我是________________。

我是________________。

我是________________。

我是________________。

我是________________。

我是________________。

最灵敏的人也看不见自己的背脊。

——非洲名言

我是____。

我是____。

我是____。

（2）如果在规定的10分钟内，未完成上述任务，请思考：自己没写够这20句话的原因可能是什么？

____

____

____

____

____

____

（3）请将步骤1中的20句话，按照“褒”“贬”“中性”进行分类，看哪一类的数目更多，请思考：出现这种状况可能的原因是什么？

____

____

____

____

____

____

（4）我的心得体悟（我忽略了什么，我发现/认识/意识/明白/懂得了什么，我打算怎么做）是什么？

____

____

____

____

____

____

最困难的事情就是认识自己。

——希腊名言

第二节 他人评价法

每个人对自己的认识，都存在盲区。有些特点，自己似乎意识不到，但别人却常常看得很清楚。所以，分别请熟悉你的几位同学、朋友、老师和家人写出对你的评价，可以很好地弥补自己对自己认识上的不足。同时，这个过程常常会让你有意想不到的收获和感悟。

注意：当他们在写对你的评语的时候，尽量不要让他们看到别人对你的评语，以免产生干扰。

同学 A ________________对我的评价。

你是____。

你是____。

你是____。

你是____。

你是____。

你是____。

你是____。

你是____。

你是____。

你是____。

【评论时间：______年　月　日，评论地点：____________】

看了同学 A ________________对我的评价，我觉得：

____

____

____

____

____

____

____

____

有勇气承担命运这才是英雄好汉。

——黑塞

____

____

同学 B ________对我的评价。

你是________________________。

你是________________________。

你是________________________。

你是________________________。

你是________________________。

你是________________________。

你是________________________。

你是________________________。

你是________________________。

你是________________________。

【评论时间：______年　月　日，评论地点：________】

看了同学 B ________对我的评价，我觉得：

____

____

____

____

____

____

____

____

____

____

朋友 A ________对我的评价。

你是________________________。

你是________________________。

你是________________________。

你是________________________。

与有肝胆人共事，从无字句处读书。

——周恩来

你是____。
你是____。
你是____。
你是____。
你是____。
你是____。
【评论时间：______年____月____日，评论地点：__________】

看了朋友 A ______________对我的评价，我觉得：

____
____
____
____
____
____
____
____
____
____

朋友 B ______________对我的评价。
你是____。
你是____。
你是____。
你是____。
你是____。
你是____。
你是____。
你是____。
你是____。
你是____。
【评论时间：______年____月____日，评论地点：__________】

不读书的人，思想就会停止。

——狄德罗

看了朋友 B ________对我的评价，我觉得：

____

____

____

____

____

____

____

____

____

____

老师 A ________对我的评价。

你是________________________________。

你是________________________________。

你是________________________________。

你是________________________________。

你是________________________________。

你是________________________________。

你是________________________________。

你是________________________________。

你是________________________________。

你是________________________________。

【评论时间：______年　月　日，评论地点：________】

看了老师 A ________对我的评价，我觉得：

____

____

____

____

____

____

阅读使人充实，会谈使人敏捷，写作与笔记使人精确。

——培根

____
____
____
____

老师B ____________对我的评价。

你是____。

你是____。

你是____。

你是____。

你是____。

你是____。

你是____。

你是____。

你是____。

你是____。

【评论时间：______年____月____日，评论地点：__________】

看了老师B ____________对我的评价，我觉得：

____
____
____
____
____
____
____
____
____
____

家人A ____________对我的评价。

你是____。

你是____。

最大的骄傲与最大的自卑都表示心灵的最软弱无力。

——斯宾诺莎

你是____。

你是____。

你是____。

你是____。

你是____。

你是____。

你是____。

你是____。

【评论时间：________年　月　日，评论地点：____________】

看了家人 A ____________对我的评价，我觉得：

____

____

____

____

____

____

____

____

____

____

家人 B ____________对我的评价。

你是____。

你是____。

你是____。

你是____。

你是____。

你是____。

你是____。

你是____。

你是____。

你是____。

自知之明是最难得的知识。

——西班牙名言

【评论时间：＿＿＿年＿月＿日，评论地点：＿＿＿＿＿＿】

看了家人 B ＿＿＿＿＿＿＿＿对我的评价，我觉得：

根据以上评价我的心得体悟（我忽略了什么，我发现/认识/意识/明白/懂得了什么，我打算怎么做）有：

勇气通往天堂，怯懦通往地狱。

——塞内加

第三节　心理测量法

一、工作价值观测试

下面条目是人们在选择工作时通常会考虑的十个要素。假设你现在面临就业，请在下方划线处，按照这些要素在你心中的重要性进行排序，并在旁边注明原因。

①工资高、福利好。
②工作环境（物质方面）舒适。
③人际关系良好。
④工作稳定有保障。
⑤能提供较好的受教育机会。
⑥有较高的社会地位。
⑦工作不太紧张、外部压力较少。
⑧能充分发挥自己的能力和特长。
⑨对社会的贡献较大。
⑩自己感兴趣的工作。

与同学和老师交流一下自己的排序以及内心的考虑，写下你的感受和启发。

有时候读书是一种巧妙地避开思考的方法。

——赫尔普斯

二、留舍最爱：生命中的五样

按照下面步骤完成相应任务。

（1）请写出你生命中最重要的五样。

（2）如果要舍弃一样，你会先舍弃哪一样？并在旁边标注“①”

（3）如果要舍弃第二样，你又会舍弃哪一样？并在旁边标注“②”

（4）舍弃第三样呢？并在旁边标注“③”

（5）舍弃第四样呢？并在旁边标注“④”

（6）留下的最后一样会是什么？并在旁边标注“⑤”

（7）思考并写下这个练习带给你的启示。

越是没有本领的就越加自命不凡。

——邓拓

三、气质类型的自我测试

任何人的气质都具有多种因素，一般的分类方法是看气质中哪种因素多，就可以将自己较大程度划归为哪一类。

评分标准很简单，在读完一道题后，如果认为该题与你平时所想和所做的事情“完全符合”，则可为该题计 3 分；如果处于模棱两可之间，“既符合又不太符合”，则应为该题计 2 分；如果是涉之一二，“大部分不符合”，则计 1 分；如果差之千里，与自己完全不符，则只能计 0 分。

多血质因素测量表

序号	测试题	记分
1	假如工作枯燥无味，马上就会情绪低落	
2	反应敏捷，大脑机智	
3	在人群中不觉得过分拘束	
4	在多数情况下情绪是乐观的	
5	希望做变化大、花样多的工作	
6	能够很快忘记那些不愉快的事情	
7	疲倦时只要短暂休息，就能精神抖擞地投入工作	
8	能够同时注意几件事物	
9	讨厌做那种需要耐心、细致的工作	
10	合兴趣的事情，干起来劲头十足，否则就不想干	
11	接受一件任务后，就希望把它迅速解决	
12	工作和学习时间长了，常常感到很疲倦	
13	理解问题比别人快	
14	善于和人交往	
15	到一个新的环境很快就能适应	
总分		

评语：如果你的总分超过 30，那么毫无疑问，你是个典型的

尽信书不如无书。

——孟子

多血质类型的人，想必你平时会表现出这样的特征：活泼、好动、反应迅速、喜欢与人交往，注意力和兴趣容易转移，具有外倾向性等。

胆汁质因素测试表

序号	测试题	记分
1	做事有些莽撞，常常不考虑后果	
2	兴奋的事情常常使自己失眠	
3	做事总有旺盛的精力	
4	羡慕那些能够控制自己情绪的人	
5	宁愿侃侃而谈，不愿窃窃私语	
6	别人说我“出语伤人”，可我并不觉得这样	
7	喜欢运动量大的剧烈运动或喜欢参加各种文体活动	
8	情绪高昂时，觉得干什么都有趣；情绪低落时，又觉得干什么都没有意思	
9	认准目标就希望尽快实现，不达目的，誓不罢休	
10	遇到可气的事情就怒不可遏，想把心里的话一吐为快	
11	喜欢参加气氛热烈的活动	
12	爱看情节起伏跌宕、激动人心的小说或其他文学作品	
13	和周围人的关系总是相处不好	
14	对学习、工作、事业怀有很高的热情	
15	和人争吵时，总是先发制人，喜欢挑衅	
总分		

评语：如果你的总分超过30，则为典型的胆汁质类；如果该得分介于15与30之间，则为一般型的胆汁质类。该类气质具有直率、热情、精力旺盛、情绪易于激动、心境交换激烈的特点。

越是无能的人，越喜欢挑剔别人的错儿。

——爱尔兰名言

黏液质因素测试表

序号	测试题	记分
1	喜欢安静的环境	
2	做事力求稳妥、不做没把握的事	
3	理解问题时常比别人慢	
4	遇到令人气愤的事，能很好地自我控制	
5	当注意力集中于一事物时，别的事物就难以使自己分心	
6	能够长时间做枯燥、单调的工作	
7	与人交往不卑不亢	
8	喜欢有条理而不甚麻烦的工作	
9	喜欢有规律，很少违反制度	
10	别人讲授新知识、新技术时，总希望他讲慢些，并且多重复几遍	
11	不能很快地把注意力从一件事情转移到另一件事情上去	
12	在学习和生活中，常常因为反应慢而落后于人	
13	认为墨守成规比冒风险强些	
14	对工作抱有认真、严谨、始终如一的态度	
15	不喜欢长时间谈论一个问题，愿意实际动手干	
总分		

评语：很显然，在黏液质因素测试表中获得高分的人，一定具有与前两组迥然不同的气质类型。这类人安静、稳定、反应缓慢、沉默寡言、情绪不易外露、注意力稳定而又难以转移，善于忍耐，但缺乏热情。

抑郁质因素测试表

序号	测试题	记分
1	别人说我总是闷闷不乐	
2	别人讲新概念，我常常听不懂，但是听懂后就很难忘记	

知人者智，自知者明。胜人者有力，自胜者强。

——老子

（续表）

序号	测试题	记分
3	碰到陌生人觉得很拘束	
4	遇到问题时常常举棋不定，优柔寡断	
5	小时候会背的诗歌，我似乎比别人记得清楚	
6	爱看感情细腻，描写人物内心活动的文学作品	
7	宁可一个人干事，不愿很多人在一起	
8	心里有事，宁愿自己想，也不愿说出来	
9	同样和别人学习、工作一段时间后，常比别人更疲惫	
10	喜欢复习学习过的知识，重复做已经做过的工作	
11	做作业或完成一件工作总比别人花更多的时间	
12	当我烦闷的时候，别人很难使我高兴起来	
13	一点小事情就能引起情绪波动	
14	碰到危险情况时，常常有一种极度恐惧感	
15	厌恶那些强烈的刺激，如尖叫、噪声、危险镜头	
总分		

评语：如果你的评分结果超过了30，那么你无疑应该归为典型的抑郁质类了。不用多说，一个孤僻、行动迟缓、体验深刻、善于觉察别人不易察觉到的细小事物的形象，已出现在眼前，这是你吗？

值得注意的是，当答完全部问题后，如果某类气质得分明显高出其他三种，均高出4分以上，则可以确定你就是该种气质类型；如果两种气质类型得分十分接近，二者之间的分差小于3分，而又明显高于其他两种类型，其高出部分超过4分以上，则可认定你为两种气质的混合型；如果有三种气质的总分相差无几，但又明显高于第四者，那么你的气质属于三种气质的混合型。

由此，我的气质类型是：________________

相应适合职业是：________________

意志坚强的人能把世界放在手中像泥块一样任意揉捏。

——歌德

四种气质类型与相关匹配职业

类型	工作特点	对应职业
多血质	适合做社会性、文艺性、多样性、要求反应敏捷且均衡的工作，而不太适合做需要细心钻研的工作；可从事广泛的职业	外交人员、管理人员、驾驶员、律师、运动员、新闻记者、冒险家、服务员、侦查员、干警、演员等
胆汁质	适合做反应迅速、动作有力、应激性强、危险性大、难度较高而费力的工作，不适合从事稳重细致的工作	导游、勘探工作者、推销员、节目主持人、演讲者、外事接待员等
黏液质	适合做有条不紊、刻板平稳、难度较高的工作，不适合从事剧烈多边的工作	外科医生、法官、管理人员、出纳员、播音员、会计、调解员等
抑郁质	适合做兢兢业业、持续细致的工作，不适合做要求反应敏捷、处理果断的工作	技术员、打字员、排版工、检察官、登录员、化验员、机要秘书、刺绣工、报关员等

（资料参考：周文霞，《职业生涯管理》，91～93页，复旦大学出版社，2008年2月）

四、霍兰德职业性倾向测验量表

本测验量表将帮助你发现和确定自己的职业兴趣和能力特长，从而更好地作出求职择业的决策。如果你已经考虑好或

最具挑战性的挑战莫过于提升自我。

——迈克尔·F. 斯特利

选择好了自己的职业，本测验将使你的这种考虑或选择具有理论基础，或向你展示其他适合的职业；如果你至今尚未确定职业方向，本测验将帮助你根据自己的情况选择一个恰当的职业目标。

本测验共有七个部分，每部分测验都没有时间限制，但请你尽快按要求完成。

第一部分　你心目中的理想职业（专业）

对于未来的职业（或升学进修的专业）你也许早有考虑，它可能很抽象、很朦胧，也可能很具体、很清晰。不管是哪种情况，现在都请把你最想干的 3 种工作或最想读的 3 种专业，按顺序写下来。

（1）＿＿＿＿＿＿＿＿＿＿＿＿＿＿＿＿＿＿＿＿＿＿＿＿＿＿＿＿＿＿

（2）＿＿＿＿＿＿＿＿＿＿＿＿＿＿＿＿＿＿＿＿＿＿＿＿＿＿＿＿＿＿

（3）＿＿＿＿＿＿＿＿＿＿＿＿＿＿＿＿＿＿＿＿＿＿＿＿＿＿＿＿＿＿

第一部分已完成。现在请继续做第二部分。

第二部分　你所感兴趣的活动

下面列举了一些十分具体的活动。这些活动无所谓好坏，如果你喜欢参加（包括过去、现在或将来），就请在其后画“√”，计 1 分。注意，这一部分测验主要想确定你的职业兴趣，而不是让你选择工作，你喜欢某种活动并不意味着你一定要从事这种活动。答题时不必考虑过去是否干过和是否擅长这种活动，只根据你的兴趣直接判断即可。请务必做完每一题目。

1. R 型（实际型活动）

你喜欢做下列事情吗？

（1）装配修理电器或玩具。

（2）修理自行车。

业余生活要有意义，不要越轨。

——华盛顿

(3) 用木头做东西。
(4) 开汽车或摩托车。
(5) 用机器做东西。
(6) 参加木工技术学习班。
(7) 参加制图描图学习班。
(8) 驾驶卡车或拖拉机。
(9) 参加机械和电气学习班。
(10) 装配修理机器。

统计"√"得分计

2. A 型（艺术型活动）

你喜欢做下列事情吗？

(1) 素描、制图或绘画。
(2) 参加戏剧表演。
(3) 设计家具/布置室内。
(4) 练习乐器/参加乐队。
(5) 欣赏音乐或戏剧。
(6) 看小说/读剧本。
(7) 从事摄影创作。
(8) 写诗或吟诗。
(9) 进艺术（美术/音乐）班培训。
(10) 练习书法。

统计"√"得分计________

3. I 型（调研型活动）

你喜欢做下列事情吗？

(1) 读科技图书和杂志。
(2) 在实验室工作。
(3) 改良水果品种，培育新的水果。
(4) 调查了解土和金属等物质的成分。

一个人即使已登上顶峰，也仍要自强不息。

——罗素·贝克

（5）研究自己选择的特殊问题。

（6）解算术题或玩数学游戏。

（7）上物理课。

（8）上化学课。

（9）上几何课。

（10）上生物课。

统计“√”得分计________

4. S型（社会型活动）

你喜欢做下列事情吗？

（1）学校或单位组织的正式活动。

（2）参加某个社会团体或俱乐部的活动。

（3）帮助别人解决困难。

（4）照顾儿童。

（5）出席晚会、联欢会、茶话会。

（6）和大家一起出去郊游。

（7）想获得关于心理方面的知识。

（8）参加讲座会或辩论会。

（9）观看或参加体育比赛。

（10）结交新朋友。

统计“√”得分计________

5. E型（企/事业型活动）

你喜欢做下列事情吗？

（1）说服鼓动他人。

（2）卖东西。

（3）谈论政治。

（4）制订计划、参加会议。

（5）以自己的意志影响别人的行为。

（6）在社会团体中担任职务。

自己活着，就是为了使别人活得更美好。

——雷锋

（7）检查与评价别人的工作。

（8）结交名流。

（9）指导有某种目标的团体。

（10）参与政治活动。

统计“√”得分计________

6. C型［常规型（传统型）活动］

你喜欢做下列事情吗？

（1）整理好桌面和房间。

（2）抄写文件和信件。

（3）为领导写报告或公务信函。

（4）检查个人收支情况。

（5）参加打字培训班。

（6）参加算盘、文秘等实务培训。

（7）参加商业会计培训班。

（8）参加情报处理培训班。

（9）整理信件、报告、记录等。

（10）写商业贸易信。

统计“√”得分计________

第二部分已完成。现在请继续做第三部分。

第三部分　你所擅长或胜任的活动

下面从六个方面分别列举一些十分具体的活动，以确定你具备哪一方面的特长。回答时，只需考虑你过去或现在对所列活动是否擅长，不必考虑你是否喜欢这种活动。如果你认为你擅长从事某一活动，请在相应题号上画“√”，计1分。注意，你如果从未从事过某一活动，那就请考虑你将来是否会擅长该项活动。请你务必做完每一个题目。

要掌握书，莫被书掌握；要为生而读，莫为读而生。

——布尔沃

1. R 型（现实型能力）

你擅长下列事情吗？

（1）能使用电锯、电钻和锉刀等木工工具。

（2）知道万用表的使用方法。

（3）能够修理自行车或其他机械。

（4）能够使用电钻床、磨床或缝纫机。

（5）能给家具和木制品刷漆。

（6）能看懂建筑设计图。

（7）能够修理简单的电气用品。

（8）能修理家具。

（9）能修理收录机。

（10）能简单地修理水管。

统计"√"得分计________

2. A 型（艺术型能力）

你擅长下列事情吗？

（1）能演奏乐器。

（2）能参加二部或四部合唱。

（3）能独唱或独奏。

（4）能扮演剧中角色。

（5）能创作简单的乐曲。

（6）会跳舞。

（7）擅长绘画或书法。

（8）擅长雕刻、剪纸或泥塑。

（9）能设计板报、服装或家具。

（10）写得一手好文章。

统计"√"得分计________

3. I 型（调研型能力）

你擅长胜任下列事情吗？

（1）懂得真空管或晶体管的作用。

业精于勤，荒于嬉；行成于思，毁于随。

——韩愈

(2) 能够列举三种蛋白质含量多的食品。
(3) 理解铀的裂变。
(4) 能运用计算尺、计算器、对数表。
(5) 会使用显微镜。
(6) 能找到三个星座。
(7) 能独立进行调查研究。
(8) 能解释简单的化学。
(9) 理解人造卫星为什么不落地。
(10) 经常参加学术会议。

统计"√"得分计________

4. S型（社会型能力）

你擅长下列事情吗？

(1) 有向各种人说明解释的能力。
(2) 常参加社会福利活动。
(3) 能和大家友好相处。
(4) 善于与年长者相处。
(5) 会邀请人、招待人。
(6) 能简单易懂地教育儿童。
(7) 能安排会议等活动的顺序。
(8) 善于体察人心和帮助他人。
(9) 能帮助护理病人和伤员。
(10) 能安排、组织社团的各种事务。

统计"√"得分计________

5. E型（企/事业型能力）

你擅长下列事情吗？

(1) 担任过学生干部且干得不错。
(2) 工作上能指导和监督他人。
(3) 做事充满活力和热情。

一切节省，归根到底都归结为时间的节省。

——马克思

（4）有效利用自身做法调动他人。

（5）销售能力强。

（6）曾作为俱乐部或社团负责人。

（7）曾向领导提出建议或反映意见。

（8）有开创事业的能力。

（9）知道怎样做能成为一个优秀的领导者。

（10）健谈善辩。

统计“√”得分计________

6. C 型（常规型能力）

你擅长下列事情吗？

（1）能够熟练地打印中文。

（2）会用外文打字机或复印机。

（3）能快速记笔记和抄写文章。

（4）善于整理、保管文件和资料。

（5）善于从事事务性工作。

（6）会用算盘。

（7）能在短时间内分类和处理大量文件。

（8）能使用计算机。

（9）善于搜集数据。

（10）善于为自己或集体做财务预算表。

统计“√”得分计________

第三部分已完成。现在请继续做第四部分。

第四部分　你所喜欢的职业

下面列举了许多职业，对这些职业的基本情况你或多或少都有所了解，并在此基础上形成了自己的评价态度。如果你喜欢某项职业，请在相应题号上画“√”，计 1 分。这一部分测验也要

意志命运往往背道而驰，决心到最后会全部推倒。

——莎士比亚

求每题必做。

1. R 型（实际型职业）

你喜欢下列职业吗？

（1）飞机机械师。

（2）野生动物专家。

（3）汽车维修工。

（4）木匠。

（5）测量工程师。

（6）无线电报务员。

（7）园艺师。

（8）长途公共汽车司机。

（9）火车司机。

（10）电工。

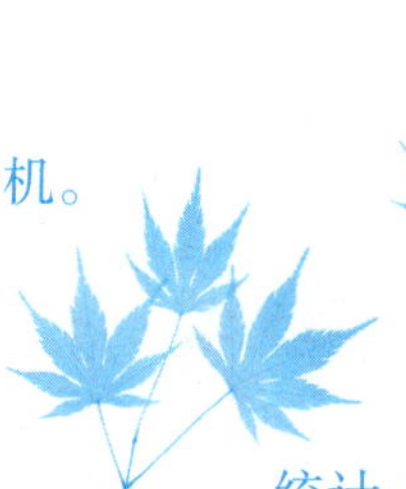

统计“√”得分计________

2. S 型（社会型职业）

你喜欢下列职业吗？

（1）街道、工会或妇联干部。

（2）小学、中学教师。

（3）精神病院医生。

（4）婚姻介绍所工作人员。

（5）体育教练。

（6）福利机构负责人。

（7）心理咨询师。

（8）共青团干部。

（9）导游。

（10）国家机关工作人员。

统计“√”得分计________

学习是劳动，是充满思想的劳动。

——乌申斯基

3. I 型（调研型职业）

你喜欢下列职业吗？

（1）气象学家或天文学家。

（2）生物学家。

（3）医学实验室的技术人员。

（4）人类学家。

（5）动物学家。

（6）化学家。

（7）数学家。

（8）科学报刊编辑或作家。

（9）地质学家。

（10）物理学家。

统计“√”得分计________

4. E 型（企/事业型职业）

你喜欢下列职业吗？

（1）厂长。

（2）电视制片人。

（3）公司经理。

（4）销售员。

（5）不动产推销员。

（6）广告部长。

（7）体育活动主办者。

（8）销售部长。

（9）个体工商业者。

（10）企业管理咨询人员。

统计“√”得分计________

知之者不如好之者，好之者不如乐之者。

——孔子

5. A 型（艺术型职业）

你喜欢下列职业吗？

（1）乐队指挥。

（2）演奏家。

（3）作家。

（4）摄影家。

（5）记者。

（6）画家、书法家。

（7）歌唱家。

（8）作曲家。

（9）电影电视演员。

（10）节目主持人。

统计“√”得分计________

6. C 型（常规型职业）

你喜欢下列职业吗？

（1）会计师。

（2）银行出纳员。

（3）税收管理员。

（4）计算机操作员。

（5）簿记员。

（6）成本核算员。

（7）文书档案管理员。

（8）打字员。

（9）法庭书记员。

（10）人口普查登记员。

统计“√”得分计________

第四部分已完成。现在请继续做第五部分。

勇猛、大胆和坚定的决心能够抵得上武器的精良。

——达·芬奇

第五部分 你的能力类型简评

下面两张表是你在六个职业能力方面的自我评分表。你可以先与同龄人比较一下自己在每一方面的能力，经斟酌后对自己的能力作一评价。评分时请在表中适当的数字上画圈。数字越大表示你的能力越强。

注意，请勿全部圈画同样的数字，因为人的每项能力不可能完全一样。

表 A

	R 型	I 型	A 型	S 型	E 型	C 型
	机械操作能力	科学研究能力	艺术创造能力	解释表达能力	商业洽谈能力	事务执行能力
分值	7 6 5 4 3 2 1	7 6 5 4 3 2 1	7 6 5 4 3 2 1	7 6 5 4 3 2 1	7 6 5 4 3 2 1	7 6 5 4 3 2 1

表 B

	R 型	I 型	A 型	S 型	E 型	C 型
	体力技能	数学技能	音乐技能	交际技能	领导技能	办公技能
分值	7 6 5 4 3 2 1	7 6 5 4 3 2 1	7 6 5 4 3 2 1	7 6 5 4 3 2 1	7 6 5 4 3 2 1	7 6 5 4 3 2 1

第五部分已完成。现在请继续做第六部分。

第六部分 统计和确定你的职业倾向

请将第二至第五部分的全部测验分数按前面已统计好的六种职业倾向（R 型、I 型、A 型、S 型、E 型和 C 型）得分填入下

意志是一个强壮的盲人，倚靠在明眼的跛子肩上。

——叔本华

表，并作纵向累加。

测验	R型	I型	A型	S型	E型	C型
第二部分						
第三部分						
第四部分						
第五部分（A）						
第五部分（B）						
总分						

请将上表中的六种职业倾向总分按大小顺序依次排列：

_____型、_____型、_____型、_____型、_____型、_____型

你的职业倾向性得分：

最高分________　　最低分________

得分最高的职业类型意味着是最适合你的职业。假如你在I型上得分最高，说明你适合做自然科学方面的研究工作，如气象研究、生物学研究、天文学研究等，或是科学报刊编辑。其余类推。

如果最适合你的工作与你在第一部分所写的理想工作不太一致，或者在各种类型的职业上你的能力和兴趣不相匹配，那么请参照第七部分——职业价值观来作出最佳选择。比方说，假如第二部分你在I型上得分最高，但第三部分在A型上得分高，那么请参考你最看重的因素：假如你最看重“（2）工作环境舒适”或“（8）能充分发挥自己的能力特长”，那么A型工作最适合你；假如你最看重“（4）工作稳定有保障”或“（10）能从事自己感兴趣的工作”，那么I型工作最适合你；假如你最看重的是其他因素，那么请向A型职业方面的专家咨询，选择和你的职业价值观最接近的工作。

第七部分　你所看重的东西——职业价值观

这一部分测验列出了人们在选择工作时通常会考虑的十要素（见下列工作价值标准）。现在请在其中选出对你最重要的两项因

只有永远躺在泥坑里的人，才不会再掉进坑里。

——黑格尔

素以及最不重要的两项因素，并将序号填入相应空格上。

最重要：________　　最不重要：________

次重要：________　　次不重要：________

1. 工作价值标准

（1）工资高、福利好。

（2）工作环境（物质方面）舒适。

（3）人际关系良好。

（4）工作稳定有保障。

（5）能提供较好的受教育机会。

（6）有较高的社会地位。

（7）工作不太紧张、外部压力少。

（8）能充分发挥自己的能力特长。

（9）社会需要与社会贡献较大。

（10）能从事自己感兴趣的工作。

以上全部测验完毕。

现在，请你将测验得分居第一位的职业类型找出来，看是 R 型、I 型、A 型、S 型、E 型和 C 型中的哪一种，并找出相应职业类型。

我得分最高的一项是______型，相应职业类型是______。

2. 职业索引——职业兴趣代号与其相应的职业对照

R 型（实际型）：木匠、农民、操作 X 光机的技师、工程师、飞机机械师、鱼类和野生动物专家、自动化技师、机械工（车工、钳工等）、电工、无线电报务员、火车司机、长途公共汽车司机、机械制图员、修理机器人员、电器师。

I 型（调查型）：气象学家、生物学家、天文学家、药剂师、动物学家、化学家、科学报刊编辑、地质学家、植物学家、物理学家、数学家、实验员、科研人员、科技图书作者。

A 型（艺术型）：室内装饰专家、图书管理专家、摄影师、音乐教师、作家、演员、记者、诗人、作曲家、编剧、雕刻家、漫画家。

S 型（社会型）：社会学者、导游、福利机构工作者、咨询

希望的灯一旦熄灭，生活刹那间变成了一片黑暗。

——普列姆昌德

人员、社会工作者、社会科学教师、学校领导、精神病院医生、公共保健护士。

E型（企/事业型）：推销员、进货员、商品批发员、旅馆经理、饭店经理、广告宣传员、调度员、律师、政治家、零售商。

C型（常规型）：记账员、会计、银行出纳、法庭速记员、成本估算员、税务员、核算员、打字员、办公室职员、统计员、计算机操作员、秘书。

下面介绍与3个代号的职业兴趣类型一致的职业表，对照的方法如下：首先根据职业兴趣代号，在下面找出相应的职业，例如你的职业兴趣代号是RIA，那么牙科技术人员、陶工等是适合你兴趣的职业。然后寻找与你职业兴趣代号相近的职业，如你的职业兴趣代号是RIA，那么，其他由这三个字母组合成的编号（如IRA、IAR、ARI等）对应的职业，也较适合你。

RIA：牙科技术人员、陶工、建筑设计员、模型工、细木工、制作链条人员。

RIS：厨师、林务员、跳水运动员、潜水员、染色员、电器修理人员、眼镜制作人员、电工、纺织机器装配工、服务员、装玻璃工人、发电厂工人、焊接工。

RIE：建筑和桥梁工程、环境工程、航空工程、公路工程、电力工程、信号工程、电话工程、一般机械工程、自动工程、矿业工程、海洋工程、交通工程的技术人员，制图员，计量员，农民，农场工人，农业机械操作工，清洁工，无线电修理人员，汽车修理人员，手表修理人员，管道工，线路装配工，工具仓库管理员。

RIC：船务人员、接待员、杂志保管员、牙医助手、制帽工、磨坊工、石匠、机器制造工、机车（火车头）制造工、农业机器装配工、汽车装配工、缝纫机装配工、钟表装配和检验员、电动器具装配工、鞋匠、锁匠、货物检验员、电梯机修工、钢琴调音师、印刷工、建筑钢铁工人、卡车司机。

RAI：手工雕刻工、玻璃雕刻工、制作模型人员、家具木工、制作皮革品人员、手工绣花工、手工钩针纺织工、排字工、印刷工、图画雕刻工、装订工。

RSE：消防员、交通巡警、警察、门卫、理发师、房间清洁

工、屠夫、锻工、开凿工人、管道安装工、出租汽车驾驶员、货物搬运工、送报员、勘探员、娱乐场所的服务员、起卸机操作工、灭害虫者、电梯操作工、厨房助手。

RSI：纺织工、编织工、农业学校教师、某些职业课程（诸如艺术、商业、技术、工艺课程）教师、雨衣上胶工。

REC：抄水表员、保姆、实验室动物饲养员、动物管理员。

REI：轮船船长、航海领航员、大副、试管实验员。

RES：旅馆服务员、家畜饲养员、渔民、渔网修补工、水手长、收割机操作工、搬运行李工人、公园服务员、救生员、登山导游、火车工程技术员、建筑工人、铺轨工人。

RCI：测量员、勘测员、仪表操作者、农业工程技师、化学工程技师、民用工程技师、石油工程技师、资料室管理员、探矿工、煅烧工、烧窑工、矿工、保养工、磨床工、取样工、样品检验员、纺纱工、炮手、漂洗工、电焊工、锯木工、刨床工、制帽工、手工缝纫工、油漆工、染色工、按摩工、木匠、农民建筑工人、电影放映员、勘测员助手。

RCS：公共汽车驾驶员、一等水手、游泳池服务员、裁缝、建筑工人、石匠、烟囱修建工、混凝土工、电话修理工、爆炸手、邮递员、矿工、裱糊工人、纺纱工。

RCE：打井工、吊车驾驶员、农场工人、邮件分类员、铲车司机、拖拉机司机。

IAS：普通经济学家、农场经济学家、财政经济学家、国际贸易经济学家、实验心理学家、工程心理学家、普通心理学家、哲学家、内科医生、数学家。

IAR：人类学家、天文学家、化学家、物理学家、医学病理学家、动物标本剥制者、化石修复者、艺术品管理者。

ISE：营养学家、饮食顾问、火灾检查员、邮政服务检查员。

ISC：侦察员、电视播音室修理员、电视修理服务员、验尸室人员、编目录者、医学实验定技师、调查研究者。

ISR：水生生物学家、昆虫学家、微生物学家、配镜师、矫正视力者、细菌学家、牙科医生、骨科医生。

ISA：实验心理学家、普通心理学家、发展心理学家、教育

形成天才的决定因素应该是勤奋。

——郭沫若

心理学家、社会心理学家、临床心理学家、目标学家、皮肤病学家、精神病学家、妇产科医师、眼科医生、五官科医生、医学实验室技术专家、民航医务人员、护士。

IES：细菌学家、生理学家、化学家、地质学家、地理物理学家、纺织技术专家、医院药剂师、工业药剂师、药房营业员。

IEC：档案保管员、保险统计员。

ICR：质量检验技术员、地质学技师、工程师、法官、图书馆技术辅导员、计算机操作员、医院听诊员、家禽检查员。

IRA：地理学家、地质学家、声学物理学家、矿物学家、古生物学家、石油学家、地震学家、原子和分子物理学家、电学和磁学物理学家、气象学家、设计审核员、人口统计学家、数学统计学家、外科医生、城市规划家、气象员。

IRS：流体物理学家、物理海洋学家、等离子体物理学家、农业科学家、动物学家、食品科学家、园艺学家、植物学家、细菌学家、解剖学家、动物病理学家、作物病理学家、药物学家、生物化学家、生物物理学家、细胞生物学家、临床化学家、遗传学家、分子生物学家、质量控制工程师、兽医、放射性治疗技师。

IRE：化验员、化学工程师、纺织工程师、食品技师、渔业技术专家、材料和测试工程师、电气工程师、土木工程师、航空工程师、行政官员、冶金专家、原子核工程师、陶瓷工程师、地质工程师、电力工程师、口腔科医生。

IRC：飞机领航员、飞行员、物理实验室技师、文献检查员、农业技术专家、动植物技术专家、生物技师、油管检查员、工商业规划者、矿藏安全检查员、纺织品检验员、照相机修理者、工程技术员、计算机编程员、工具设计者、仪器维修工。

CRI：簿记员、会计、记时员、铸造机操作工、打字员、按键操作工、复印机操作工。

CRS：仓库保管员、档案管理员、缝纫工、讲述员、收款人。

CRE：标价员、实验室工作者、广告管理员、自动打字机操作员、电动机装配工、缝纫机操作工。

CIS：记账员、顾客服务员、报刊发行员、土地测量员、保

学到很多东西的诀窍，就是一下子不要学很多。

——洛克

险公司职员、会计师、估价员、邮政检查员、外贸检查员。

CIE：打字员、统计员、支票记录员、订货员、校对员、办公室工作人员。

CIR：校对员、工程职员、海底电报员、检修计划员。

CSE：接待员、通信员、电话接线员、卖票员、旅馆服务员、商学教师、旅游办事员。

CSR：货运代理商、铁路职员、交通检查员、办公室通信员、簿记员、出纳员、银行财务职员。

CSA：秘书、图书管理员、办公室办事员。

CER：邮递员、数据处理员、办公室办事员。

CEI：推销员、经济分析家。

CES：银行会计、记账员、法人秘书、速记员、法院报告人。

ECI：银行行长、审计员、信用管理员、地产管理员、商业管理员。

ECS：信用办事员、保险人员、各类进货员、海关服务经理、售货员、购买员、会计。

ERI：建筑物管理员、工业工程师、农场管理员、护士长、农业经营管理人员。

ERS：仓库管理员、房屋管理员、货栈监督管理员。

ERC：邮政局长、渔船船长、机械操作领班、木工领班、瓦工领班、驾驶员领班。

EIR：科学、技术和有关周期出版物的管理员。

EIC：专利代理人、鉴定人、运输服务检查员、安全检查员、废品回收人员。

EIS：警官、侦查员、交通检验员、安全咨询员、合同管理者、商人。

EAS：法官、律师、公证人。

EAR：展览室管理员、舞台管理员、播音员、驯兽员。

ESC：理发师、裁判员、政府行政管理员、财政管理员、工程管理员、职业病防治员、售货员、商业经理、办公室主任、人事负责人、调度员。

ESR：家具售货员、书店售货员、公共汽车驾驶员、日用品

自己的鞋子，自己知道紧在哪里。

——西班牙名言

售货员、护士长、自然科学和工程的行政领导。

ESI：博物馆管理员、图书馆管理员、古迹管理员、饮食业经理、地区安全服务管理员、技术服务咨询者、超市管理员、零售商店店员、批发商、出租汽车服务站调度员。

ESA：博物馆馆长、报刊管理员、音乐器材售货员、广告商、营业员、导游、（轮船或班机上的）事务长、飞机上的服务员、船员、法官、律师。

ASE：戏剧导演、舞蹈教师、广告撰稿人、报刊专栏作者、记者、演员、英语翻译。

ASI：音乐教师、乐器教师、美术教师、管弦乐指挥、合唱队指挥、歌星、演奏家、哲学家、作家、广告经理、时装模特。

AER：新闻摄影师、电视摄影师、艺术指导、录音指导、丑角演员、魔术师、木偶戏演员、骑士、跳水员。

AEI：音乐指挥、舞台指导、电影导演。

AES：流行歌手、舞蹈演员、电影导演、广播节目主持人、舞蹈教师、口技表演者、喜剧演员、模特。

AIS：画家、剧作家、编辑、评论家、时装艺术大师、新闻摄影师、演员、文学作家。

AIE：花匠、皮衣设计师、工业产品设计师、剪影艺术家、复制雕刻品大师。

AIR：建筑师、画家、摄影师、绘图员、环境美化工、雕刻家、包装设计师、陶器设计师、绣花工、漫画工。

SEC：社会活动家、退伍军人服务官员、工商会事务代表、教育咨询者、宿舍管理员、旅馆经理、饮食服务管理员。

SER：体育教练、游泳指导。

SEI：大学校长、学院院长、医院行政管理人员、历史学家、家政经济学家、职业学校教师、资料员。

SEA：娱乐活动管理员、国外服务办事员、社会服务助理、一般咨询者、宗教教育工作者。

SCE：部长助理、福利机构职员、生产协调人员、环境卫生管理人员、戏院经理、餐馆经理、售票员。

SRI：外科医师助手、医院服务员。

我们唯一不会改正的缺点是软弱。

——拉罗什福科

SRE：体育教师、职业病治疗者、体育教练、专业运动员、房管员、儿童家庭教师、警察、引座员、传达员、保姆。

SRC：护理员、护理助理、医院勤杂工、理发师、学校儿童服务人员。

SIA：社会学家，心理咨询师，学校心理学家，政治科学家，大学或学院的系主任，大学或学院的教育学教师，大学工程和建筑课程的教师，大学农业、法律、数学、医学、物理、社会科学和生命科学的教师，研究生助教，成人教育教师。

SIE：营养学家、饮食学家、海关检查员、安全检查员、税务稽查员、校长。

SIC：描图员、兽医助手、诊所助理、体检检查员、监督缓刑犯的工作者、娱乐指导者、咨询人员、社会科学教师。

SIR：理疗员、救护队工作人员、职业病治疗助手。

五、MBTI 职业性格测试

（一）MBTI 测试简介

MBTI（Myers Briggs Type Indicator）职业性格测试，又称迈尔斯—布里格斯类型指标，是一种迫选型、自我报告式的性格评估工具，用以衡量和描述人们在获取信息、决策、对待生活等方面的心理活动规律和性格类型。它以瑞士心理学家 Carl Jung 的性格理论为基础，由美国的 Katherine C Briggs 和 Isabel Briggs Myers 母女共同研制开发。

（二）维度解释

E 外向 关注自己如何影响外部环境：将心理能量和注意力聚集于外部世界和与他人的交往上。

I 内向 关注外部环境的变化对自己的影响：将心理能量和注意力聚集于内部世界，注重自己的内心体验。

S 感觉 关注由感觉器官获取的具体信息：看到的、听到的、闻到的、尝到的、触摸到的事物。

N 直觉 关注事物的整体和发展变化趋势：灵感、预测、暗示，重视推理。

T 思考 重视事物之间的逻辑关系，喜欢通过客观分析决定评价。

F 情感 以自己和他人的感受为重，将价值观作为判定标准。

J 判断 喜欢做计划和决定，愿意进行管理和控制，希望生活井然有序。

P 知觉 灵活、试图去理解、适应环境、倾向于留有余地，喜欢宽松自由的生活方式。

（三）MBTI 测试须知

① 参加测试的人员请务必诚实、独立地回答问题，只有如此，才能得到有效的结果。

②《性格分析报告》展示的是你的性格倾向，而不是你的知识、技能、经验。

③ MBTI 提供的性格类型描述仅供测试者确定自己的性格类型之用，性格类型没有好坏，只有不同。每一种性格特征都有其价值和优点，也有缺点和需要注意的地方。清楚地了解自己的性格优劣势，有利于更好地发挥自己的特长，而尽可能地在为人处事中避免自己性格中的劣势，更好地和他人相处，更好地作重要的决策。

④ 本测试分为四部分，共 93 题；需时约 18 分钟。所有题目没有对错之分，请根据自己的实际情况选择。将你选择的 A 或 B 所在的○涂黑，例如：●。

只要你认真、真实地填写了测试问卷，那么通常情况下你都能得到一个确实和你的性格相匹配的类型。希望你能从中或多或少地获得一些有益的信息。

（1）哪一个答案最能贴切地描绘你一般的感受或行为？

序号	问题描述	选项	E	I	S	N	T	F	J	P
1	当你要外出一整天，你会 A 计划你要做什么和在什么时候做　B 说去就去	A							○	
		B								○
2	你认为自己是一个 A 较为有条理的人　B 较为随兴所至的人	A							○	
		B								○
3	假如你是一位老师，你会选则教授 A 以事实为主的课程　B 涉及理论的课程	A			○					
		B				○				
4	你通常 A 与人容易混熟　B 比较沉静或矜持	A	○							
		B		○						
5	一般来说，你和哪些人比较合得来 A 现实的人　B 富于想象力的人	A			○					
		B				○				
6	你是否经常让 A 你的情感支配你的理智　B 你的理智主宰你的情感	A						○		
		B					○			
7	处理许多事情时，你会喜欢 A 凭兴所至行事　B 按照计划行事	A								○
		B							○	
8	你是否 A 容易让人了解　B 难以让人了解	A	○							
		B		○						

学而不思则罔，思而不学则殆。

——孔子

（续表）

序号	问题描述	选项	E	I	S	N	T	F	J	P
9	按照程序表做事， A 合你心意　B 令你感到束缚	A							○	
		B								○
10	当你有一份特别的任务，你会喜欢 A 开始前小心组织计划　B 边做边找需做什么	A								
		Ⓑ								
11	在大多数情况下，你会选择 A 顺其自然　B 按程序表做事	A								○
		B							○	
12	大多数人会说你是一个 A 重视自我隐私的人　B 非常坦率开放的人	A		○						
		B	○							
13	你宁愿被人认为是一个 A 实事求是的人　B 机灵的人	A			○					
		B				○				
14	在一大群人当中，通常是 A 你介绍大家认识　B 别人介绍你	A	○							
		B		○						
15	你会跟哪些人做朋友 A 常提出新主意的　B 脚踏实地的	A				○				
		B			○					
16	你倾向 A 重视感情多于逻辑　B 重视逻辑多于感情	A						○		
		B					○			

学问是异常珍贵的东西，从任何源泉吸收都不可耻。

——阿卜·日·法拉兹

（续表）

序号	问题描述	选项	E	I	S	N	T	F	J	P
17	你比较喜欢 A 坐观事情发展才作计划　B 很早就作计划	A								○
		B							○	
18	你喜欢花很多的时间 A 一个人独处　B 和别人在一起	A		○						
		B	○							
19	与很多人一起会 A 令你活力培增　B 常常令你心力憔悴	A	○							
		B		○						
20	你比较喜欢 A 很早便把约会、社交聚集等事情安排妥当 B 无拘无束看当时有什么好玩就做什么	A							○	
		B								○
21	计划一个旅程时，你较喜欢 A 大部分的时间都是跟当天的感觉行事 B 事先知道大部分的时间会做什么	A								○
		B							○	
22	在社交聚会中，你 A 有时感到郁闷　B 常常乐在其中	A		○						
		B	○							
23	你通常 A 和别人容易混熟　B 趋向自处一隅	A	○							
		B		○						

只有在人群中间，才能认识自己。

——德国名言

（续表）

序号	问题描述	选项	E	I	S	N	T	F	J	P
24	哪些人会更吸引你 A 一个思想敏捷及非常聪颖的人 B 实事求是 具丰富常识的人	A				○				
		B			○					
25	在日常工作中，你会 A 颇为喜欢处理迫使你分秒必争的突发工作 B 通常预先计划，以免要在压力下工作	A								○
		B							○	
26	你认为别人一般 A 要花很长的时间才能认识你 B 用很短的时间便能认识你	A		○						
		B	○							

（2）在下列每一对词语中，哪一个词语更合你心意？请仔细想想这些词语的意义，而不要理会它们的字形或读音。

序号	问题描述	选项	E	I	S	N	T	F	J	P
27	A 注重隐私 B 坦率开放	A		○						
		B	○							
28	A 预先安排的 B 无计划的	A							○	
		B								○

患难困苦，是磨炼人格之最高学校。

——梁启超

（续表）

序号	问题描述	选项	E	I	S	N	T	F	J	P
29	A 抽象　B 具体	A				○				
		B			○					
30	A 温柔　B 坚定	A						○		
		B					○			
31	A 思考　B 感受	A					○			
		B						○		
32	A 事实　B 意念	A			○					
		B				○				
33	A 冲动　B 决定	A								○
		B							○	
34	A 热衷　B 文静	A	○							
		B		○						
35	A 文静　B 外向	A		○						
		B	○							
36	A 有系统　B 随意	A							○	
		B								○

自己的饭量自己知道。

——苏联名言

（续表）

序号	问题描述	选项	E	I	S	N	T	F	J	P
37	A 理论　　B 肯定	A				○				
		B			○					
38	A 敏感　　B 公正	A						○		
		B					○			
39	A 令人信服　　B 感人的									
40	A 声明　　B 概念	A			○					
		B				○				
41	A 不受约束　　B 预先安排	A								○
		B							○	
42	A 矜持　　B 健谈	A		○						
		B	○							
43	A 有条不紊　　B 不拘小节	A							○	
		B								○
44	A 意念　　B 实况	A				○				
		B			○					

以勇敢的胸膛面对逆境。

——贺拉斯

（续表）

序号	问题描述	选项	E	I	S	N	T	F	J	P
45	A 同情怜悯　B 远见	A						○		
		B					○			
46	A 利益　B 祝福	A					○			
		B						○		
47	A 务实的　B 理论的	A			○					
		B				○				
48	A 朋友不多　B 朋友众多	A		○						
		B	○							
49	A 有系统　B 即兴	A							○	
		B								○
50	A 富想象的　B 以事论事	A				○				
		B			○					
51	A 亲切的　B 客观的	A						○		
		B					○			
52	A 客观的　B 热情的	A					○			
		B						○		

书到用时方恨少，事非经过不知难。

——陆游

（续表）

序号	问题描述	选项	E	I	S	N	T	F	J	P
53	A 建造　B 发明	A			○					
		B								
54	A 文静　B 合群	A		○						
		B	○							
55	A 理论　B 事实	A				○				
		B			○					
56	A 富同情　B 合逻辑	A						○		
		B					○			
57	A 具分析力　B 多愁善感	A					○			
		B						○		
58	A 合情合理　B 令人着迷	A			○					
		B				○				

（3）哪一个答案最能贴切地描绘你一般的感受或行为？

序号	问题描述	选项	E	I	S	N	T	F	J	P
59	当你要在一个星期内完成一个大项目，你在开始的时候会 A 把要做的不同工作依次列出　B 马上动工	A							○	
		B								○

熟读唐诗三百首，不会作诗也会吟。

——孙洙

（续表）

序号	问题描述	选项	E	I	S	N	T	F	J	P
60	在社交场合中，你经常会感到 A 与某些人很难打开话匣儿和保持对话 B 与多数人都能从容地长谈	A		○						
		B	○							
61	要做许多人也做的事，你比较喜欢 A 按照一般认可的方法去做　B 构想一个自己的想法	A			○					
		B				○				
62	你刚认识的朋友能否说出你的兴趣 A 马上可以　B 要待他们真正了解你之后才可以	A	○							
		B		○						
63	你通常较喜欢的科目是 A 讲授概念和原则的　B 讲授事实和数据的	A				○				
		B			○					
64	哪个是较高的赞誉 A 一贯感性的人　B 一贯理性的人	A						○		
		B					○			
65	你认为按照程序表做事 A 有时是需要的 但一般来说你不大喜欢这样做 B 大多数情况下是有帮助而且是你喜欢做的	A								○
		B							○	

谁和我一样用功，谁就会和我一样成功。

——莫扎特

（续表）

序号	问题描述	选项	E	I	S	N	T	F	J	P
66	和一群人在一起，你通常会选 A 跟你很熟悉的个别人谈话　B 参与大伙的谈话	A		○						
		B	○							
67	在社交聚会上，你会 A 是说话很多的一个　B 让别人多说话	A	○							
		B		○						
68	把周末期间要完成的事列成清单，这个主意会 A 合你意　B 使你提不起劲	A							○	
		B								○
69	哪个是较高的赞誉 A 能干的　B 富有同情心的	A								
		B						○		
70	你通常喜欢 A 事先安排你的社交约会　B 随兴之所至做事	A							○	
		B								○
71	总的说来，要做一个大型作业时，你会选 A 边做边想该做什么　B 首先把工作按步细分	A								○
		B							○	
72	你能否滔滔不绝地与人聊天 A 只限于跟你有共同兴趣的人　B 几乎跟任何人都可以	A		○						
		B	○							

天下之事常成于困约，而败于奢靡。

——陆游

（续表）

序号	问题描述	选项	E	I	S	N	T	F	J	P
73	你会 A 跟随一些已经证明有效的方法 B 分析还有什么毛病及针对尚未解决的难题	A			○					
		B				○				
74	为乐趣而阅读时，你会 A 喜欢奇特或创新的表达方式 B 喜欢作者直话直说	A				○				
		B			○					
75	你宁愿替哪一类上司（或者老师）工作？ A 天性纯良，但常常前后不一的 B 言词尖锐但永远合乎逻辑的	A						○		
		B					○			
76	你做事多数是 A 按当天心情去做　B 照拟好的程序表去做	A								○
		B							○	
77	你是否 A 可以和任何人按需求从容地交谈 B 只是对某些人或在某种情况下才可以畅所欲言	A	○							
		B		○						
78	要作决定时，你认为比较重要的是 A 据事实衡量　B 考虑他人的感受和意见	A					○			
		B						○		

伟大的事业，需要决心、能力、组织和责任感。

——易卜生

(4) 在下列每一对词语中，哪一个词语更合你心意？

序号	问题描述	选项	E	I	S	N	T	F	J	P
79	A 想象的	A				○				
	B 真实的	B			○					
80	A 仁慈慷慨的	A						○		
	B 意志坚定的	B								
81	A 公正的	A								
	B 有关怀心	B								
82	A 制作	A			○					
	B 设计	B				○				
83	A 可能性	A				○				
	B 必然性	B			○					
84	A 温柔	A						○		
	B 力量	B					○			
85	A 实际	A					○			
	B 多愁善感	B						○		
86	A 制造	A			○					
	B 创造	B				○				

唯书籍不朽。

——乔特

（续表）

序号	问题描述	选项	E	I	S	N	T	F	J	P
87	A 新颖的 B 已知的	A				○				
		B			○					
88	A 同情 B 分析	A						○		
		B					○			
89	A 坚持己见 B 温柔有爱心	A					○			
		B						○		
90	A 具体的 B 抽象的	A			○					
		B				○				
91	A 全心投入 B 有决心的	A						○		
		B					○			
92	A 能干 B 仁慈	A					○			
		B						○		
93	A 实际 B 创新	A			○					
		B				○				
每项总分										
			E	I	S	N	T	F	J	P

为中华之崛起而读书。

——周恩来

将四个维度上得分较高的字母加以组合，一共可以组成以下16种性格类型：ESTJ管家型、ESTP挑战型、ESFJ主人型、ESFP表演型、ENTJ将军型、ENTP发明家、ENFJ教育家、ENFP记者型、ISTJ公务型、ISTP冒险家、ISFJ照顾型、ISFP艺术家、INTJ专家型、INTP学者型、INFJ作家型、INFP哲学家。

你四个维度得分较高的四个字母依次是________、________、________、________，相应职业类型是：________________。在下文中找出相应职业类型解析了解一下吧。

（四）MBTI职业性格结果解析

1. ISTJ

该种性格类型的人的显著特点有：详尽、精确、系统、勤劳，关注细节，致力于改善组织程序与过程，无论组织处在发展的顺境还是逆境，都对组织保持忠诚。

（1）该种性格类型的人对组织的贡献表现如下：

- 平稳地、按计划完成组织任务；
- 重视细节并慎重处理；
- 做事力求完美；
- 重信用，并具有坚持性；
- 在组织里工作倍感舒适。

（2）该种性格类型的人的领导模式表现如下：

- 以事实和经验做决定；
- 建立可靠、稳定、持续的工作绩效；
- 尊重传统和等级制度；
- 奖励遵循规则完成任务的员工；
- 关注组织的即时性和实际性需要。

（3）该种性格类型的人的学习模式表现如下：

- 具体、有序的学习方式；
- 对目前有实际应用的学习模式。

（4）该种性格类型的人的倾向性顺序如下：

问渠哪得清如许，为有源头活水来。

——朱熹

· 感觉→思维→情感→直觉。

（5）该种性格类型的人解决问题的模式表现如下：

· 喜欢完全依据事实，在逻辑框架里进行分析；

· 为获得理想结果，需考虑对人们的影响，然后寻找更多的可能性和其他方式。

（6）该种性格类型的人对工作环境的倾向性表现如下：

· 喜欢与现实、工作努力、关注事实和结果的人共事；

· 能长期提供安全的环境；

· 奖励稳步发展和按期完成任务的环境；

· 使用系统性工作方法的环境；

· 任务型定向和鼓励坚定意志的环境；

· 提供安静、整齐设施的环境；

· 环境中允许有不被打扰工作的个人空间。

（7）该种性格类型的人的潜在缺点表现如下：

· 因受惠于日常工作而忽视具有长远意义的目标；

· 可能忽视人际交往的细节；

· 工作方法刻板、不灵活，对变革较少持开放态度；

· 期望他人和自己一样，同样注意细节和服从管理程序。

（8）该种性格类型的人的发展建议如下：

· 除了关注现实问题，还需关注更深远的、定向于未来的问题；

· 需考虑人的因素，向他人表达其应得的赞赏；

· 为避免陈规，尝试寻找新的选择；

· 需培养耐心，应付那些需要用不同方式沟通或忽视规则和程序的人。

2. ISTP

该种性格类型的人的显著特点有：注重实用性、尊重事实、寻求有利方法、具有现实性、只信服被论证的结果；喜欢独立工作，依靠逻辑解决即时出现的组织问题。

（1）该种性格类型的人对组织的贡献表现如下：

· 在需要的场合，是解决麻烦问题的能手；

生活的道路一旦选定，就要勇敢地走到底，绝不回头。

——左拉

· 在感兴趣的领域里，发挥“行走的信息库”的作用；

· 找出克服障碍、完成任务的最实际的途径；

· 在危机中保持镇定，发挥安抚他人情绪的作用；

· 在规划中增加其专业领域里的知识和技能。

（2）该种性格类型的人的领导模式表现如下：

· 以身作则；

· 一视同仁，尊重每个人的价值；

· 面临麻烦时，采用最有利的方法作出快速反应；

· 宽松管理员工，喜欢最少监督自己；

· 采用明晰、理性的管理原则。

（3）该种性格类型的人的学习模式表现如下：

· 生动性、娱乐性的学习模式；

· 对有用的内容和有实际应用的学习内容感兴趣。

（4）该种性格类型的人的倾向性顺序表现如下：

· 思维→感觉→直觉→情感。

（5）该种性格类型的人解决问题的模式表现如下：

· 喜欢依据具体事实以自身具有的内部逻辑构建问题和解决问题；

· 为获得理想结果，需要考虑其他可能性和对人们的影响。

（6）该种性格类型的人对工作环境的倾向性表现如下：

· 喜欢与行为定向、关注即时情境的人共事；

· 计划定向和任务定向的环境；

· 重视理性分析的环境；

· 奖励对问题作出快速反应的环境；

· 允许间接经验的环境；

· 提供合适的工作自由度的环境；

· 培养独立性和自主性的环境。

（7）该种性格类型的人的潜在缺点表现如下：

· 只关注对自身重要的事而对其他事漠不关心；

· 在先前的努力获得成果前，缺少坚持性；

· 努力不足，过度注重有利性而走捷径；

奢侈是舒适的，否则就不是奢侈。

——可可·香奈儿

· 犹豫不决，欠缺兴趣、活力、坚持性。

（8）该种性格类型的人的发展建议如下：

· 需要增强开放性，关心他人，与他人共享信息；

· 需增强坚持性，改变沟通模式；

· 需加强计划性，付出更多努力获取想要的成功；

· 需发展设置和保持目标的方法。

3. ESTP

该种性格类型的人的显著特点有：行为定向型，讲究实效、足智多谋、注重现实，以最有效的途径解决问题，喜欢事件即时发生，然后在复杂的情境中找到解决问题的方法。

（1）该种性格类型的人对组织的贡献表现如下：

· 采用协商的方式使任务顺利完成；

· 保持组织运作的活跃状态，促使变化发生；

· 运用直接和现实的工作方式；

· 评估风险；

· 注意和记忆事实信息。

（2）该种性格类型的人的领导模式表现如下：

· 对危机中的管理有充分准备；

· 说服他人接受自己的观点；

· 直率、自信的领导方式；

· 按最有利的路径进行组织工作；

· 重视行动和即时结果。

（3）该种性格类型的人的学习模式表现如下：

· 主动型、间接经验型、尝试错误型的学习方式；

· 实际型，注意力集中在即刻能应用的学习内容。

（4）该种性格类型的人的倾向性顺序表现如下：

· 感觉→思维→情感→直觉。

（5）该种性格类型的人解决问题的模式表现如下：

· 喜欢现实、具体地评估环境，然后用逻辑分析以后采取的步骤；

· 为获得理想结果，会考虑对人们的影响，寻找其他可选择

三军可夺帅也，匹夫不可夺志也。

——孔子

的选项。

(6) 该种性格类型的人对工作环境的倾向性表现如下：

· 喜欢与活泼、结果定向型、重视直接经验的人共事；

· 有规则，但承认差异性的环境；

· 环境中允许有开玩笑的时间；

· 能提供工作灵活性的环境；

· 技术型定向的环境，有最新的设备；

· 身体感到舒适的环境；

· 对即刻的需求能作出反应的环境。

(7) 该种性格类型的人的潜在缺点表现如下：

· 当快速行为时，显得苛求、强硬、感觉迟钝；

· 过分集中于即时行为，从而失去行为更广阔、深远的意义；

· 转移到下一个待解决的问题而不能坚持到底解决目前的问题；

· 会被工作以外的活动吸引，如体育运动和其他娱乐活动。

(8) 该种性格类型的人的发展建议如下：

· 需抑制自己的任务型定向，分析他人的情绪感受；

· 需在快速决定之前，事先计划，考虑更多的因素；

· 需完成眼前的任务；

· 需以适当的观点看待工作和娱乐。

4. ESTJ

该种性格类型的人的显著特点有：理智、善分析、果断、意志坚定，以系统化的方式组织具体事实，喜欢事先组织细节和操作程序与他人一起完成任务。

(1) 该种性格类型的人对组织的贡献表现如下：

· 事先察觉、指出、修正不足之处；

· 以逻辑的、客观的方式评论未来规划；

· 组织规划、生产、人力要素，实现组织目标；

· 监督工作以确保任务正确完成；

· 以逐步进行的方式坚持到底。

接受挑战，就可以享受胜利的喜悦。

——杰纳勒尔·乔治·S. 巴顿

（2）该种性格类型的人的领导模式表现如下：

· 直接领导，快速管理；

· 运用过去经验解决问题；

· 直接、明确地识别问题的核心；

· 决策和执行决策非常迅速；

· 传统型领导，尊重组织内部的等级和组织获得的成就。

（3）该种性格类型的人的学习模式表现如下：

· 积极主动型，学习间接经验，采用结构化的学习方式；

· 实际型，关注他们能运用的学习内容。

（4）该种性格类型的人的倾向性顺序表现如下：

· 思维→感觉→直觉→情感。

（5）该种性格类型的人解决问题的模式表现如下：

· 喜欢根据相关的事实和细节进行逻辑分析，从而控制事件的发展；

· 为达到理想结果，会考虑更广阔的前景以及对人们和自己的影响。

（6）该种性格类型的人对工作环境的倾向性表现如下：

· 喜欢与努力工作、有坚定决心把工作做好的人共事；

· 任务型定向的环境；

· 有组织和组织结构的环境；

· 有团队计划的环境；

· 提供稳定性和预测性的环境；

· 致力于绩效和生产性的环境；

· 奖励完成目标的环境。

（7）该种性格类型的人的潜在缺点表现如下：

· 决策太迅速，也给他人施以同样的压力；

· 不能察觉变革的需要，因为相信一切都在正常运作；

· 在完成任务过程中，忽视人际间的小细节；

· 长期忽视自己的感受和准则，可能会被自己的情感击跨。

（8）该种性格类型的人的发展建议如下：

· 决策之前需考虑各种因素，包括人的因素；

节制使快乐增加并使享受加强。

——德谟克利特

·需要督促自己看到他人要求变革而获得的利益；

·需学会赞赏别人；

·需从工作中抽点时间考虑和识别自己的情感和价值观。

5. ISFJ

该种性格类型的人的显著特点有：仁慈、忠诚、体谅他人、善良，不怕麻烦地帮助需要帮助的人，喜欢充当后盾，提供支持和鼓励。

（1）该种性格类型的人对组织的贡献表现如下：

·考虑组织中每个人的实际需要；

·采用坚持到底的工作方式实现组织的目标；

·对细节和日常惯例非常耐心，甚至不辞辛苦，责任感强；

·付出努力，自愿为他人提供服务；

·做事力求完美。

（2）该种性格类型的人的领导模式表现如下：

·开始可能不愿担任领导，但当需要承担领导任务时，会勇于接受；

·希望自己和他人服从组织的需要；

·以个人的影响力作为后盾；

·认真遵守传统程序和规则；

·观察细节以获得现实的结果。

（3）该种性格类型的人的学习模式表现如下：

·花费充足的时间以结构化的方式，安静地记忆材料；

·注重实用性，关注做什么可以为他人提供帮助。

（4）该种性格类型的人的倾向性顺序表现如下：

·感觉→情感→思维→直觉。

（5）该种性格类型的人解决问题的模式表现如下：

·喜欢完全依据事实，尤其是当应用于人和准则方面时；

·为获得理想结果，需退一步思考问题的逻辑，然后寻找更多的可能性和其他办法。

（6）该种性格类型的人对工作环境的倾向性表现如下：

·喜欢与认真、从事组织性任务的人共事；

今天应做的事没有做，明天再早也是耽误了。

——裴斯泰洛齐

· 能提供安全性和预测性的工作环境；

· 组织结构明晰的环境；

· 能保持安静、有一些个人空间的环境；

· 做事坚持到底的环境；

· 充满个人化、友好、体谅氛围的环境；

· 服务型定向的环境。

（7）该种性格类型的人的潜在缺点表现如下：

· 过于谨慎小心，尤其是对待未来发展；

· 向他人表明自己观点时，显得意志不太坚定；

· 因安静、忘却自我的特性而低估自己；

· 过度依赖自己的经验，不能根据环境和其他需要灵活调整。

（8）该种性格类型的人的发展建议如下：

· 工作中需要估计风险，以积极、全面的观点看待未来；

· 需发挥更多的自信；

· 学会宣扬自己的成就；

· 对其他形式的做事方式需保持开放态度。

6. ISFP

该种性格类型的人的显著特点有：温和、体贴、灵活、具有开放性，富有同情心，尤其对那些需要帮助的人；喜欢在充满和谐气氛的环境中工作，但常常是在完成他们自己任务的时候。

（1）该种性格类型的人对组织的贡献表现如下：

· 对组织中每个人的需要都作出反应；

· 以实际行动保证他人获得福利；

· 对自己的工作投入特别的热情和愉悦；

· 因具有合作的天性，能把人与任务很好地匹配起来；

· 关注怎样对待员工。

（2）该种性格类型的人的领导模式表现如下：

· 不喜欢担任领导，喜欢在团队中担任协调者的角色；

· 用自己个人的忠诚激发他人工作的积极性；

· 更多地采用表扬和支持的方式，较少批评他人；

懒人无法享受休息之乐。

——拉布克

· 随环境所需而做调适；

· 通过了解他人良好的意图，温和地说服他人。

（3）该种性格类型的人的学习模式表现如下：

· 安静地学习直接经验；

· 学习实际的、能帮助他人的内容。

（4）该种性格类型的人的倾向性顺序表现如下：

· 情感→感觉→直觉→思维。

（5）该种性格类型的人解决问题的模式表现如下：

· 喜欢从实用的角度考虑对自己和他人真正重要的事物；

· 为获得理想结果，需考虑其他人际关系和其他可能性，然后更客观地解决问题。

（6）该种性格类型的人对工作环境的倾向性表现如下：

· 喜欢与安静地享受工作愉悦感的人共事；

· 允许有个人空间的工作环境；

· 能提供灵活性和安全感的环境；

· 有艺术感染力的环境；

· 喜欢讲究礼貌的同事；

· 追求实际效果的环境。

（7）该种性格类型的人的潜在缺点表现如下：

· 可能太信任他人，不愿持怀疑态度；

· 只关注眼前的损失；

· 过度自我批评，容易受伤害。

（8）该种性格类型的人的发展建议如下：

· 需以怀疑的态度分析他人提供的信息；

· 需学会给他人负面反馈，处理好冲突；

· 需对他人更果断，对自己有更多赞赏。

7. ESFP

该种性格类型的人的显著特点有：友好、开朗、爱开玩笑、活泼、天性喜欢与他人相处，喜欢与其他活泼、快节奏的人一起工作，同时也会根据客观判断作出不同选择。

（1）该种性格类型的人对组织的贡献表现如下：

书籍是造就灵魂的工具。

——雨果

·为组织创造具有活力、热情、合作的氛围；

·为组织提供积极发展的规划；

·具有行动力，营造热情、轻松的气氛；

·协调人、信息和资源的关系；

·以接纳和尊重他人的方式与人相处，温和宽容地对待他人。

（2）该种性格类型的人的领导模式表现如下：

·促进善意和合作的领导方式；

·喜欢从开头管理某个工程；

·消除紧张气氛，把人们带入轻松的情境里；

·关注解决即时出现的问题；

·促进人际间有效的交流。

（3）该种性格类型的人的学习模式表现如下：

·利用充裕的时间通过讨论获取新知识；

·学习事实性的知识，搞清楚这些知识是如何发挥作用的。

（4）该种性格类型的人的倾向性顺序表现如下：

·感觉→情感→思维→直觉。

（5）该种性格类型的人解决问题的模式表现如下：

·喜欢对情境进行现实和具体的评估，尤其是对于人更是如此；

·为获得最佳结果，需增强客观性，用长远的眼光看待不同事物。

（6）该种性格类型的人对工作环境的倾向性表现如下：

·喜欢与有活力的、轻松愉快的、关注现实的人共事；

·喜欢活跃、行为定向的工作环境；

·喜欢培养快节奏做事的环境；

·有适应性强、喜爱自由的人的工作环境；

·强调和谐、友好、赞赏别人的环境；

·喜欢乐观的、注重交往的工作环境；

·喜欢有吸引力、丰富多彩的环境。

（7）该种性格类型的人的潜在缺点表现如下：

坚持意志伟大的事业需要始终不渝的精神。

——伏尔泰

· 为保持和谐，过度强调主观性论据；
· 行动前不太考虑眼前的事实；
· 可能花太多的时间在社会关系上而忽视任务本身；
· 常常有始无终。

(8) 该种性格类型的人的发展建议如下：

· 为减少非个体性冲突，做决策时需理智分析决策的意义；
· 进行管理工作前应事先制订计划；
· 需平衡花费在任务和社会性交往上的时间；
· 需致力于完成计划，对时间进行管理。

8. ESFJ

该种性格类型的人的显著特点有：乐于助人、机智、富有同情心、注重秩序，把与他人和谐相处看得很重要，喜欢组织人们和制订计划完成眼前的任务。

(1) 该种性格类型的人对组织的贡献表现如下：

· 服务型定向；
· 密切关注组织中每个人的需要，并使他们满意；
· 以及时、精确的工作方式完成任务；
· 尊重规则和权威；
· 有效处理日常管理任务。

(2) 该种性格类型的人的领导模式表现如下：

· 关心他人的领导方式；
· 以良好的人际关系赢得合作；
· 让人们活跃起来；
· 承担繁重的工作，坚持到底；
· 发扬组织的传统精神。

(3) 该种性格类型的人的学习模式表现如下：

· 系统性、参与性、个体性的学习方式，用较多时间讨论新知识；
· 学习早已有实践应用的应用性材料。

(4) 该种性格类型的人的倾向性顺序表现如下：

· 情感→感觉→直觉→思维。

路漫漫其修远兮，吾将上下而求索。

——屈原

（5）该种性格类型的人解决问题的模式表现如下：

· 喜欢考虑准则以及对人们的影响，也关注相关的事实和有用的细节；

· 为获取理想结果，需识别其他的人际关系，然后理智、冷静地分析。

（6）该种性格类型的人对工作环境的倾向性表现如下：

· 喜欢与诚恳、具有合作性、乐于帮助他人的人共事；

· 喜欢目标定向型的工作环境，提供有益的、合适的工作程序；

· 奖励组织行为和个体工作绩效的环境；

· 鼓励人际间的友谊的工作环境；

· 赞赏他人和开朗的工作氛围；

· 培养人际间关心和敏感察觉他人需要的工作环境；

· 关注事实和价值观的环境。

（7）该种性格类型的人的潜在缺点表现如下：

· 避免和回避冲突；

· 因致力于令他人满意而忽略自己；

· 提供自己认为是对组织和对他人最好的建议；

· 不经常有时间客观地反思过去、展望未来。

（8）该种性格类型的人的发展建议如下：

· 需学会注意差异性和处理冲突；

· 需学会分离出自己的需要；

· 需学会更客观地听取别人真正需要什么；

· 做决策时，需考虑决策理性的、全局性的意义。

9. INFJ

该种性格类型的人的显著特点有：相信自己的眼光，具有同情心和洞察力，温和地运用影响力；喜欢独立工作或与那些热衷于关注人们的成长与发展问题的小群体共同工作。

（1）该种性格类型的人对组织的贡献表现如下：

· 提供服务于人类需要的远见卓识；

· 恪守职责；

内外相应，言行相称。

——韩非

·完善、始终如一地工作；

·找个感到静谧的时间段，集中精力地提出具有创造性的观点；

·在人与工作间建立复杂的相互作用关系。

（2）该种性格类型的人的领导模式表现如下：

·以使个体和组织获得最大利益的远见从事领导工作；

·从合作中获益而非需要合作的形式；

·采取平稳、认真、持续性的行为过程实现战略目标；

·通过工作实现自己的理想和抱负；

·意志坚定地激发他人实现他们的理想。

（3）该种性格类型的人的学习模式表现如下：

·极具个体化和思考式的学习方式；

·强调复杂、结构性的概念和关系的学习。

（4）该种性格类型的人的倾向性顺序表现如下：

·直觉→情感→思考→感觉

（5）该种性格类型的人解决问题的模式表现如下：

·喜欢识别自己内在观点的可能性，尤其是与人和社会准则有关的问题；

·为成功实现目标，对定向未来的远见卓识的客观性和现实的细枝末节的问题同样重视。

（6）该种性格类型的人对工作环境的倾向性表现如下：

·喜欢与致力于把为人类创造未来作为理想的人共事；

·有表现创造性和展示自我价值机会的环境；

·环境中鼓励营造和谐气氛和体谅他人；

·有尊重他人需要的顺畅的管理机制；

·奖励个体的远见卓识；

·提供进行安静思考的时间和空间的工作环境；

·有组织、有计划的工作环境。

（7）该种性格类型的人的潜在缺点表现如下：

·发现自己的远见被忽视和低估；

·面对批评不太坦率；

坚强的信心，能使平凡的人作出惊人的事业。

——马尔顿

· 因不愿意强迫别人而过度保守；

· 仅从单一维度考虑他们认为对将来最有益的事。

（8）该种性格类型的人的发展建议如下：

· 在提出自己的观点时，需加强自己的政治领悟性和自主性；

· 需学会及时给他人建设性的反馈；

· 需要不断地征求他人的建议和获得他人的反馈；

· 需要以更放松和开放的态度面对现状。

10. INFP

该种性格类型的人的显著特点有：具有开放性思维、理想主义者、洞察力强、灵活，希望自己的工作被认为是重要的，喜欢独立工作或在能发挥创造性的小团体里工作。

（1）该种性格类型的人对组织的贡献表现如下：

· 以自己的理想与他人沟通和说服他人；

· 用组织共同的目标把人们团结起来；

· 致力于为组织中的人们寻求匹配的岗位；

· 为组织提供新的理念和各种发展的可能性；

· 平稳地推进组织发展，建立组织的价值观。

（2）该种性格类型的人的领导模式表现如下：

· 采用便利的领导方式；

· 倾向发挥独特的领导能力而不是担当传统性的领导角色；

· 独立工作；

· 更可能表扬而不是批评他人；

· 鼓励员工以行动实现理想。

（3）该种性格类型的人的学习模式表现如下：

· 安静地专注于自己的兴趣，展示出丰富的想象力；

· 灵活、专注自己和他人的发展。

（4）该种性格类型的人的倾向性顺序表现如下：

· 情感→直觉→感觉→思考。

（5）该种性格类型的人解决问题的模式表现如下：

· 思考真正对他人和自己重要的问题，找出具有创造性的办法；

· 为获得最佳结果，注意搜集事实资料并客观地作出决策。

（6）该种性格类型的人对工作环境的倾向性表现如下：

· 喜欢处在有重要价值观、令人愉悦、效忠组织的环境中；

· 处在合作、氛围轻松的环境里；

· 允许个体性，也提供共同参与的环境；

· 环境中提供灵活、有弹性的工作程序；

· 非官僚主义的环境；

· 安静的环境；

· 有时间和空间进行思考的工作环境。

（7）该种性格类型的人的潜在缺点表现如下：

· 因完美倾向而延误完成任务；

· 一次行为想令太多人满意；

· 没有调整理想适合客观现实；

· 思考多于行动。

（8）该种性格类型的人的发展建议如下：

· 需要学会怎样工作而不是只注意寻求理想的反应；

· 需要更坚强的意志，并愿意说“不”；

· 需要用自己的准则分清事实和逻辑；

· 需要建立和执行行动计划。

11. ENFP

该种性格类型的人的显著特点有：热情、富有洞察力和创新性、多才多艺，不知疲倦地寻求新的希望和前景，喜欢在团队中工作，致力于从事能给人们带来更好的改变的事情。

（1）该种性格类型的人对组织的贡献表现如下：

· 能察觉改革的需要并发起变革；

· 关注前景的发展，尤其是人们未来的发展方向；

· 以富有感染力的热情激励和说服他人；

· 把创造性和想象性体现在制订的计划和贯彻的行动中；

· 欣赏和认同他人。

（2）该种性格类型的人的领导模式表现如下：

读书有三到，谓心到，眼到，口到。

——朱熹

·富有活力、热情的领导方式；

·喜欢进行首创性管理；

·经常是重要事件的发言人；

·工作中提倡和支持人们的自主性；

·关注如何激励他人，如何鼓励他人付诸于行动。

（3）该种性格类型的人的学习模式表现如下：

·积极主动型、经验型、想象型的学习模式；

·对学习内容感兴趣，不管它们是否有实际应用性。

（4）该种性格类型的人的倾向性顺序表现如下：

·直觉→情感→思维→感觉。

（5）该种性格类型的人解决问题的模式表现如下：

·喜欢根据自己的价值观和准则探索事情发展的各种可能性；

·为获得最佳结果，冷静理智地分析相关事实的资料和各种细节。

（6）该种性格类型的人对工作环境的倾向性表现如下：

·喜欢与想象力丰富、致力于人们未来发展的人共事；

·允许表现交际能力和智力才能的环境；

·爱好参与的氛围，与不同的人分享不同的观点；

·提供变化和具有挑战性的环境；

·鼓励提出观点和想法的环境；

·有弹性、自由度大、少限制的环境；

·气氛愉悦和随意的环境。

（7）该种性格类型的人的潜在缺点表现如下：

·在没完成已经提出的计划之前又转移到新的想法和计划上去；

·忽视相关的细节和事实资料；

·过分扩展，尝试做的事情太多；

·因寻求可能的最佳结果而拖延工作。

（8）该种性格类型的人的发展建议如下：

·需要根据事情的重要性事先做好安排，先做最重要的，然

读书之法，在循序而渐进，熟读而精思。

——朱熹

后坚持到底；

·需要关注重要的细节；

·需要学会筛选任务，不要试图去做所有具有吸引力的任务；

·为达成目标，需使用制订计划和时间管理的技巧。

12. ENFJ

该种性格类型的人的显著特点有：关注人际关系，善于理解、宽容和赞赏他人，良好沟通的促进者；喜欢与他人一起工作，致力于完成与人们的发展有关的各种任务。

（1）该种性格类型的人对组织的贡献表现如下：

·喜欢领导和促进团队的建设；

·鼓励合作；

·传播组织的价值观和准则；

·致力于获得丰硕的组织成果。

（2）该种性格类型的人的领导模式表现如下：

·富有热情和赞扬他人的领导方式；

·以参与的态度管理员工和工作；

·满足员工的需要，努力使每个员工满意；

·促使组织的行为与组织的价值观一致；

·鼓励施行给人们带来利益的变革。

（3）该种性格类型的人的学习模式表现如下：

·在相互交流和合作中学习重要的内容。

（4）该种性格类型的人的倾向性顺序表现如下：

·情感→直觉→感觉→思维。

（5）该种性格类型的人解决问题的模式表现如下：

·先判断发展计划是否能取得良好的绩效和对人们的影响；

·为获得最佳结果，注意收集更多事实资料，然后进行理智、冷静地分析。

（6）该种性格类型的人对工作环境的倾向性表现如下：

·喜欢与那些关注变革并通过变革改变人们的人共事；

·喜欢人际定向型和社会型的环境；

·鼓励支持和称赞他人的环境；

感激每一个新的挑战，因为它会锻造你的意志和品格。

——佚名

·富有同情精神和和睦气氛的环境；

·鼓励自我表现的环境；

·稳定而注重果断性的环境；

·注重信息反馈和有秩序的环境。

（7）该种性格类型的人的潜在缺点表现如下：

·可能会理想化他人，因而遭受他人表面忠诚的蒙蔽；

·可能回避有冲突的问题；

·因重视人际关系而忽视任务；

·过度自我批评。

（8）该种性格类型的人的发展建议如下：

·需要认识人们的局限性，捍卫真正的忠诚；

·需要学会建设性地处理冲突；

·需要学会同时关注任务中的细节问题和完成任务的人；

·需要认真听取客观的评价，少一些自我批评。

13. INTJ

该种性格类型的人的显著特点有：独立而极具个性化，具有专一性和果断性，相信自己的眼光，漠视众人的怀疑，喜欢独自完成复杂的工程。

（1）该种性格类型的人对组织的贡献表现如下：

·为组织提供理论观点和设计技术；

·把想法变成行动计划；

·为达成目标而排除障碍；

·有强烈的关于组织应该成为怎样的组织的理念；

·促使组织中的每个人明白组织是由许多复杂、相互作用的部分组成的整体系统。

（2）该种性格类型的人的领导模式表现如下：

·促使自己和他人完成组织目标；

·坚定地贯彻执行组织的理念；

·要求自己和他人具有顽强意志；

·构思、创造新的模型；

·必要时，意志坚定地重建整个组织系统。

（3）该种性格类型的人的学习模式表现如下：

古之立大事者，不惟有超世之才，亦必有坚忍不拔之志。

——苏轼

·个性化、思考式学习方式，深入其感兴趣的领域；

·智慧型、理论型学习方式，首先要提供一个宏伟的蓝图。

（4）该种性格类型的人的倾向性顺序表现如下：

·直觉→思维→情感→感觉。

（5）该种性格类型的人解决问题的模式表现如下：

·喜欢以其内在的认知制定战略、系统和结构，然后客观地作出决定；

·为获得最佳结果，会接纳他人和那些使自己的认知更加接近现实的细节资料。

（6）该种性格类型的人对工作环境的倾向性表现如下：

·喜欢工作中有果断、理智、接受挑战、致力于完成远期理念的人；

·允许思考的独立性和个体性的工作环境；

·强调效率的环境；

·喜欢工作环境里有具有竞争力和创造性的人；

·鼓励和支持自主性的环境；

·提供创造机会的环境；

·任务定向型和重视思考的环境。

（7）该种性格类型的人的潜在缺点表现如下：

·可能显得强硬，他人不敢接近；

·长时间不告诉他人自己的想法，因为认为他人也和自己一样认同自己的想法；

·可能很难实际操作理想化的想法；

·过度关注任务而忽视他人的贡献。

（8）该种性格类型的人的发展建议如下：

·自己的个性化方式和想法可以征求他人的反馈和意见；

·与参与任务的人早一些沟通和讨论自己的想法和战略计划；

·当事实资料不支持自己的想法时，应面对现实；

·明确他人的贡献应受到鼓励和承认。

14. INTP

该种性格类型的人的显著特点有：讲究合理性，喜欢理论和

抽象的事物，好奇心重，更喜欢构建思想，不太关注环境和人，喜欢单独工作，强调对自己的观点和方法拥有最大的自主权。

（1）该种性格类型的人对组织的贡献表现如下：

·为组织设计理性、复杂的系统；

·在处理错综复杂的问题中显示出其专业性；

·同时拥有理智的短期和长期目标；

·提供理智的、分析的、批评的思维方式；

·关注核心问题。

（2）该种性格类型的人的领导模式表现如下：

·在概念上分析问题和目标；

·提供合理的逻辑思维模式；

·追求自主性的同时，也关注他人的独立性的领导模式；

·依据他人的专业知识而非职位与其交往；

·追求与他人智慧上的交流而非情感交流。

（3）该种性格类型的人的学习模式表现如下：

·个体化学习方式，不设置开始与结束，只根据自己感兴趣的深度进行学习；

·广泛的、概念性的、能挑战智慧的学习方式。

（4）该种性格类型的人的倾向性顺序表现如下：

·思维→直觉→感觉→情感。

（5）该种性格类型的人解决问题的模式表现如下：

·在寻求各种可能的选择时，喜欢以自身内部的逻辑建构问题和解决问题；

·为获取最佳结果，需要同时关注现实状况和他人的需求。

（6）该种性格类型的人对工作环境的倾向性表现如下：

·工作环境中允许个体有充足的时间和空间进行思考；

·能培养思维独立性和创造性的环境；

·能提供灵活的政策和程序的环境；

·安静、尽可能少开会的环境；

·非结构化和非官僚作风的环境；

·奖励自我决定的环境。

（7）该种性格类型的人的潜在缺点表现如下：

· 想法过于抽象，因而坚持下去不太符合现实需要；

· 过于理性化，解释起来太理论化；

· 过多注意团队中一些小的不一致的地方；

· 可能以批评式分析的方式对待他人，行动不考虑个体感受。

（8）该种性格类型的人的发展建议如下：

· 需要关注现实中的细节，确立完成任务的具体步骤；

· 需要简单地陈述事实；

· 为获得他人的合作，需要放弃细小的问题；

· 需要更好地认识他人，更多地表达对他人的赞赏。

15. ENTP

该种性格类型的人的显著特点有：富于创新，具有战略眼光，多才多艺，分析型思维，具有很强的创业能力，喜欢与他人一起从事需要非凡智慧的创始性活动。

（1）该种性格类型的人对组织的贡献表现如下：

· 把限制看作是挑战加以排除；

· 提供完成任务的新方法；

· 把问题放在理论框架中进行考虑；

· 提倡创新，激励他人也创新；

· 喜欢接受适应未来发展需要的复杂挑战。

（2）该种性格类型的人的领导模式表现如下：

· 制定合理的理论体系满足组织的需要；

· 鼓励他人的独立性；

· 运用逻辑分析寻找变革的模式；

· 对于自己想做的事使用强制性的理由；

· 在人与组织之间扮演促进者的角色。

（3）该种性格类型的人的学习模式表现如下：

· 主动、概念型的学习方式，喜欢由专家传授知识。

（4）该种性格类型的人的倾向性顺序表现如下：

· 直觉→思维→情感→感觉。

（5）该种性格类型的人解决问题的模式表现如下：

· 喜欢探索未来的前景和发展模式，理智地分析每一个正向和反向的结果；

·为获得最理想结果，关注人们的需要和相关的事实和细节。

（6）该种性格类型的人对工作环境的倾向性表现如下：

·喜欢与独立的、按理论模型解决复杂问题的人共事；

·提供灵活性和挑战性的工作环境；

·变革型和非官僚作风的工作环境；

·拥有具有竞争力的个体的工作环境；

·奖励挑战风险行为的工作环境；

·鼓励行为自主性和自由性的工作环境；

·关注未来发展的工作环境。

（7）该种性格类型的人的潜在缺点表现如下：

·过多依赖模型而忘记现实状况；

·因竞争心而不会赞赏他人的付出；

·因过分扩展自己而筋疲力尽；

·可能抵制正规的程序和准则。

（8）该种性格类型的人的发展建议如下：

·需要注意各个方面的因素和基本的事实；

·需要承认他人贡献的有效性；

·需要设立现实性的开始与结束的期限，知道何时该结束；

·需要学会在组织里如何工作。

16. ENTJ

该种性格类型的人的显著特点有：具有逻辑性、组织性、客观性、果断性。喜欢与他人一起工作，尤其从事管理工作和制订计划时。

（1）该种性格类型的人对组织的贡献表现如下：

·经过深思熟虑后制订组织计划；

·为组织建立组织结构；

·制定有远大目标的战略规划；

·快速管理，迅速解决需要解决的问题；

·即刻处理因混乱和效率低引起的问题。

（2）该种性格类型的人的领导模式表现如下：

尽管世界和人生是坏透了，其中却有一件东西永远是好，那便是青春。

——显克维奇

· 富有活力的行为定向型领导模式；
· 为组织制定长远规划；
· 必要时，采用直接的、强硬的管理方式；
· 喜欢复杂问题，并足智多谋地解决这些问题；
· 尽可能多地参与组织管理。

（3）该种性格类型的人的学习模式表现如下：
· 喜欢由专家传授知识；
· 对挑战和问题抱开放态度的学习方式。

（4）该种性格类型的人的倾向性顺序表现如下：
· 思维→直觉→感觉→情感。

（5）该种性格类型的人解决问题的模式表现如下：
· 根据内在的理解进行逻辑分析从而控制局面；
· 为获得理想结果，对事实资料进行现实性决策，同时考虑决策对人们和自己的影响。

（6）该种性格类型的人对工作环境的倾向性表现如下：
· 喜欢与独立的、有能力的、注重解决复杂问题的人共事；
· 目标定向型的工作环境；
· 具有有效率的组织系统和员工的工作环境；
· 工作环境中立刻奖励作出挑战努力的员工；
· 奖励果断的人的工作环境；
· 有意志坚定的人的工作环境。

（7）该种性格类型的人的潜在缺点表现如下：
· 关注任务而忽视人们的需要和对组织的贡献；
· 忽略现实的考虑和对现实局限性的认识；
· 决策太迅速，表现得缺乏耐心，盛气凌人；
· 忽视和抑制自己和他人的情感。

（8）该种性格类型的人的发展建议如下：
· 需要考虑人的因素，赞赏他人对组织的贡献；
· 行动前先检查现实的、人力的、环境的资源是否可获得；
· 决策前花些时间考虑和反思各个方面的因素；
· 需要学会鉴别和重视自己和他人的情感。

想升高，有两样东西，那就是必须作鹰，或者作爬行动物。

——巴尔扎克

第四节 职业生涯规划档案

一、“我是谁?”——认识自我

（一）我是个怎样的人

1. 360 度评估

自我评估	兴趣爱好		
	价值观		
	人生理想		
	个人优点		
	个人缺点		
他人评估	称 谓	对你的评价	
		优点	缺点
	父母、家人		
	老师、同学		
	兄弟姐妹、好朋友		
自我认知小结	我是一个怎样的人： 我喜欢做什么： 我能够做什么： 我最看中什么： 我适合做什么：		

读书是在别人思想的帮助下，建立起自己的思想。

——鲁巴金

2. 橱窗分析法

橱窗1："公开我"（自己知道、别人也知道的部分）

橱窗2："隐私我"（自己知道、别人不知道的部分）

橱窗3："潜在我"（自己不知道、别人也不知道的部分）

橱窗4："背脊我"（自己不知道、别人知道的部分）

自我认知小结：

3. 我的成长故事

通过生涯故事绘制生命线，找出哪些因素影响了自己，使我成为今天的我、未来的我呢？

基于生命线得出的认识，至少三点，比如成长感悟、生活角色取舍、人生底线或心理疆界等。

你想成为幸福的人吗？但愿你首先学会吃得起苦。

——屠格涅夫

（1）______________________________

（2）______________________________

（3）______________________________

父母家人对我的期望或我希望怎样回报我的亲人呢？

____

（二）自我认知探索

我的兴趣探索		
我的兴趣爱好描述	我喜欢：	
职业兴趣		
我的三种霍兰德兴趣类型及描述中符合自身情况的特征与心仪职业	（　）型	符合自己的特征： 心仪职业：
	（　）型	符合自己的特征： 心仪职业：
	（　）型	符合自己的特征： 心仪职业：
	三种类型的整体特征与心仪职业选择	整体特征： 心仪职业：

抛弃时间的人，时间也会抛弃他。

——莎士比亚

（续表）

我的兴趣探索		
	据兴趣类型适合从事的校内外实践	
	据兴趣类型适合学习的知识	
我的性格探索		
我的MBTI性格类型及类型特征中最能描述自己的语句	（　　）型	最能描述自己的特征：
	（　　）型	最能描述自己的特征：
	（　　）型	最能描述自己的特征：
	（　　）型	最能描述自己的特征：
	我的MBTI性格整体特征及适合职业	整体特征： 适合职业及其共性特征：
	据性格适合从事的校内外实践	

普通人只想到如何度过时间，有才能的人设法利用时间。

——叔本华

（续表）

我的能力探索	
我的职业能力测评结果与适宜职业选择	职业能力测评结果与特征： 适宜选择的职业：
成长故事撰写并分析出每个故事体现的技能（至少五项）	
据成长故事找出最擅长并愿意在未来职业中运用的几项技能	
专业知识技能/内容性技能	
自我管理技能/适应性技能	

读书破万卷，下笔如有神。

——杜甫

可迁移技能/功能性技能	
据成长故事找出最擅长并愿意在未来职业中运用的几项技能	
我的能力总体描述和适合从事的实践与职业	我的技能整体描述： 适合从事的校内外实践： 适合的职业及其特征：
能力有待完善之处及应对方案	
我的价值观探索	
我的价值观总体描述	
我选择工作时不能放弃的是（至少三项）	
适合以上价值观的职业特点描述	

据上，结合自己的兴趣、性格、能力与价值观等列出想要继续探索的职业，建议3～8个，可以是上面出现过的，也可是未曾出现但符合上面共同特点的职业，切忌未对职业清单深入了解就轻易剔除！

我的职业清单：

取得成就时坚持不懈，要比遭到失败时顽强不屈更重要。

——拉罗什夫科

（三）认识、分析环境

<table>
<tr><td rowspan="4">家庭环境分析</td><td colspan="2">经济情况</td><td></td></tr>
<tr><td colspan="2">社会关系</td><td></td></tr>
<tr><td colspan="2">家庭期望</td><td></td></tr>
<tr><td colspan="2">家人影响</td><td></td></tr>
<tr><td rowspan="5">学校环境分析</td><td colspan="2">学校情况</td><td></td></tr>
<tr><td colspan="2">专业情况（专业的优势和专业的前景）</td><td></td></tr>
<tr><td colspan="2">班级情况（班级的学习风气、同学关系等）</td><td></td></tr>
<tr><td colspan="2">教师情况（教师素质、水平，对我的影响）</td><td></td></tr>
<tr><td colspan="2">寝室情况（室友的个性、家庭、爱好等）</td><td></td></tr>
<tr><td rowspan="6">专业环境分析</td><td colspan="2">本专业就业形势考察</td><td></td></tr>
<tr><td rowspan="5">职业要求</td><td>知识要求</td><td></td></tr>
<tr><td>能力要求</td><td></td></tr>
<tr><td>技能要求</td><td></td></tr>
<tr><td>证书要求</td><td></td></tr>
<tr><td>其他要求</td><td></td></tr>
</table>

人的一生是短的，但如果卑劣地过这一生，就太长了。

——莎士比亚

二、“我到哪里去?”——职业选择与职业理想

（一）人生志向与职业理想

（二）职业选择

据上，结合对欲从事职业的业内人物访谈，选定就业领域或具体职业（所考虑的职业至少一定程度上允许表达自己的兴趣与个性，并能运用自己的技能）	职业发展意向及其就业现状与发展前景分析 (1) (2) (3)
遴选职位的说明	遴选职业的岗位描述，包括每天的工作内容与状况，业内人士对该工作满意与不满意的地方
	该职业收入状况与职业发展通道
	该职业的知识要求及学校中哪些课程对从事此职业有帮助

读书忌死读，死读钻牛角。

——叶圣陶

（续表）

<table>
<tr><td rowspan="6">遴选职位的说明</td><td>该职业对人才素质的要求及其对人格特质、能力的要求</td></tr>
<tr><td>该职业对技能训练的基本要求与相关职业资格证书的要求</td></tr>
<tr><td>我的优势及其应用（比如我的天赋、特长、能力、素质、经历、所学专业、所在学校、所处环境、家庭背景、社会关系等资源）</td></tr>
<tr><td>我的劣势及其弥补（包括自身条件与资源配置等方面）</td></tr>
<tr><td>我的改进之道——我还需要的资源与帮助</td></tr>
<tr><td>为实现这一目标，最近我该做的事</td></tr>
</table>

励志故事

“伶牙俐齿”“勇敢智慧”“咄咄逼人”人们对希拉里似乎总是褒贬不一，但有一点你无法否认，她绝对是世界第一流的女政治家。希拉里丝毫不比老公克林顿逊色，她不仅从小成绩优秀，出类拔萃，还表现出了极强的领导和社交能力。

希拉里出生于芝加哥的一个中产阶级家庭。4 岁时的一件事锻炼了小希拉里坚强的意志和决断力。当时，社区中有个霸道的

不要回避苦恼和困难，挺起身来向它挑战，进而克服它。

——池田大作

小女孩总是欺负希拉里，希拉里很害怕，泪流满面地向母亲诉苦。母亲告诉希拉里，若遭到欺负，就一定要毫不畏惧地还击。小希拉里的确这样做了。此后，希拉里天赋的领导才能日渐显露，她身旁很快聚集了一大帮孩子。

三、“我怎样去?”——职业发展策略和路径

（一）职业发展策略

职业探索是个持续的过程，需要长期积累和不断探索，职业发展的探索策略主要从以下几方面进行。

（1）搜集整理意向领域与职业的相关信息，进一步分析、筛选。

（2）进行意向领域与职业的针对性就业市场调查、专业发展前景分析、生涯人物访谈等以进一步澄清职业选择。

（3）通过专业课的深入学习，选修相关课程的补充学习，来检测对意向领域与职业的兴趣浓度与持久性。

（4）通过参加社团、志愿活动等社会实践方式来检测与证明自己是否具备从事意向领域与职业的能力与适合度。

（5）根据自身实际情况（包括自己特长、爱好等），尽力获得一项专业技能证书。

（6）通过兼职、实习等职场体验方式来检测自己对意向领域与职业的兴趣度与适合度并进行能力印证。

（7）向专业的职业咨询师或其他相关专业权威人士寻求更多的个人帮助。

（8）通过相关权威测试，更加了解自己、认识自己，找到自己的兴趣爱好和专业特长，并按照要求做详细的职业生涯规划方案。

（9）适合自己所从事的职业可能不止一个，存在多个职业供选择时，应对比了解职业的就业机会和前景、所在单位的行业性质等，辅助自己职业选择。操作方法：结合自身特点收集各类信息，明确社会实践内容，选择访问校友、访问用人单位、走访人才市场、尝试投递简历、短期兼职等校外实践活动，把握所学专

贫者因书而富，富者因书而贵。

——王安石

业的就业现状与前景发展，明确目标职业的工作性质和工作内容、工作的主要职责及所需的知识和技能等方面的要求，加深对职业世界和专业领域的了解，明确自己的定位。

……

我所坚持的职业操守：

____

____

____

____

____

（二）我的职业发展路径

<table>
<tr><td rowspan="7">职业理想描述</td><td>职业类型</td><td>机关、事业、企业、商业等</td><td>职业名称</td><td></td><td>职业地域</td><td></td></tr>
<tr><td>工作时间</td><td></td><td>工作内容</td><td></td><td>工作待遇</td><td></td></tr>
<tr><td rowspan="5">职业发展目标</td><td>短期目标（毕业1~3年的职业规划）</td><td colspan="4"></td></tr>
<tr><td>中期目标（毕业4~8年的职业规划）</td><td colspan="4"></td></tr>
<tr><td>长期目标（毕业10年的职业规划）</td><td colspan="4"></td></tr>
<tr><td>实现目标的优势</td><td colspan="4"></td></tr>
<tr><td>实现目标的劣势</td><td colspan="4"></td></tr>
</table>

决定一个人的一生以及整个命运的，只是一瞬之间。

——歌德

（三）大学生涯目标及行动方案

大学生涯内容	目标	时间管理	执行
教育准备			
兴趣培养			
能力培养			
性格完善			
人际关系			
经济准备			
健康与休闲生活			
社团与社会实践活动			
…			
学业生涯选项认知小结			

（四）结语

我的大学职业规划心得体会：

故立志者，为学之心也；为学者，立志之事也。

——王阳明

第二编

职业生涯规划第二步：认识职业

凡谋之道，周密为宝。

——《六韬》

（1）求职时，你需要了解哪些信息？

____

____

____

____

____

____

____

____

（2）你对哪些职业比较了解？请介绍一下这些职业的相关信息。

____

____

____

____

____

____

____

____

（3）你认为获取职业信息的方法有哪些？

____

____

____

____

____

____

合理安排时间，就等于节约时间。

——培根

第一节　网络搜索法

（1）请在互联网上搜集职场规律、职场生存法则之类的信息，将一些要点以关键词的形式整理到下方空白处。

即使跌倒一百次，也要一百零一次地站起来。

——张海迪

（2）请在求职类网站上，搜集整理出你感兴趣的职位的岗位职责、岗位要求、薪资福利等信息。

光景不待人，须臾发成丝。

——李白

（3）请用互联网工具搜集一个自己感兴趣的知名人物的职业发展历程信息，并写下对自己的启发。

傲不可长，欲不可纵，乐不可极，志不可满。

——魏徵

第二节 访谈法

参考下面的访谈提纲，通过向一些职场前辈询问，记录所获得的相关职业信息，并写下对自己的启发。

（1）你为什么选择这份职业？

（2）你为了获得这份工作，做了哪些准备？

（3）你现在是什么职位？工作中，你的主要职责是什么？

（4）要做好这个工作，需要具备哪些重要知识和技能？

（5）你所在领域的职业发展空间如何？

（6）对于这份工作，你喜欢的和不喜欢的分别是什么？

（7）这个工作给你带来了什么样的生活方式？

（8）如果时光倒流，你可以重新选择职业，你的选择会是什么？

（9）你对于当代大学生的职业选择有什么建议？

锲而舍之，朽木不折；锲而不舍，金石可镂。

——荀子

真者，精诚之至也，不精不诚，不能动人。

——庄子

第三节 亲身体验法

截止目前你都做过哪些工作？请将情况进行大致描述，并写下感悟。

我觉得坦途在前，人又何必因为一点小障碍而不走路呢？

——鲁迅

第四节　奋战职场的相关资料

一、毕业后就业的优劣分析

	就业的优势	就业的劣势
立竿见影的影响	学业压力相对较小；就业的准备过程没有考研或出国枯燥	暂时放弃在学业上的继续深造
短期影响（1～5年）	可以积累工作经验和社会经验；开始有经济收入，不再依靠家里支持；工作以后进行再教育或者出国，目标会更明确	更容易屈服于现实，放弃自己的梦想；对于身体和心理的适应能力要求较高
中期影响（5～25年）	在某一行业积累丰富的工作经验	提升和发展的空间有限
长期影响（25年以上）	在一家单位长期工作后，稳步向前，有一定的晋升空间	在一家单位容易意志消沉，不思进取

二、用人单位对大学生素质要求状况

大学生与用人单位各自认为最需要具备的素质对比（如下图所示）。用人单位看重的恰恰基本上都是应届大学毕业生最欠缺的素质，这些素质又都是不可能一蹴而就的，需要长期培养。就业准备是指大学生为了增加“获得满意度较高、竞争性大的工作岗位的可能性或接近程度”而进行的心理、综合素质和能力以及职业规划方面的准备。从时间上看，就业准备不应只在大学最后一个学年进行，而应贯穿在整个大学的学习过程中。

对时间的慷慨，就等于慢性自杀。

——奥斯特洛夫斯基

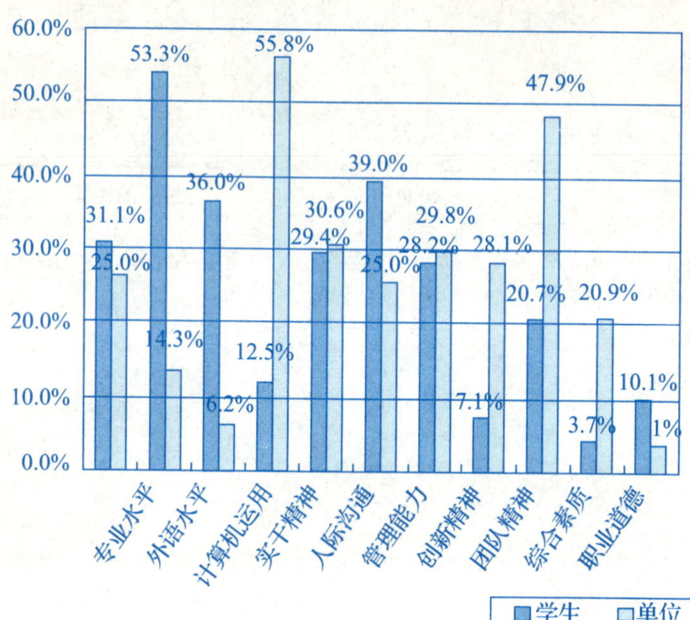

招聘时用人单位最看重应届大学毕业生的素质	用人单位认为应届大学毕业生最欠缺的素质
1. 专业基础知识	1. 基本的解决问题能力
2. 基本的解决问题能力	2. 敬业精神
3. 沟通协调能力	3. 相关工作或实习经验
4. 敬业精神	4. 承受压力、克服挫折能力
5. 学习意愿强，可塑性高	5. 沟通协调能力

千磨万击还坚劲，任尔东西南北风。

——郑板桥

三、简历制作

制作简历之前，得先站在用人单位的角度想一想：每个月支付工资招聘员工，目的是什么？搞清楚这个问题以后，制作简历才能做到有的放矢！

一份卓有成效的个人简历是开启事业之门的钥匙。糟糕的简历，则会让你的求职之路屡屡碰壁。制作简历主要有以下两个原则。

第一原则是要有重点。通常，用人单位在收到求职者的简历后，都会进行简历筛选。如果你把自己置身于招聘者的立场就会明白，面试需要花费大量时间。所以，进入面试阶段的应聘者人数都会控制在较少的数量。面对大量的求职简历，在短时间内作出判断是否通知其面试，是人力资源部门工作人员的重要工作。所以，简历的陈述要简洁清晰、重点突出，这样才有获得面试的机会。

第二原则是扬长避短。个人简历的主要作用是让用人单位了解你胜任某项工作的资格，所以，与之无关的对自己不利的内容完全可以不在简历上出现。把简历看作一份广告，你有什么特长，尽量在简历上凸显出来，让用人单位看到你的价值。

高质量的简历有很多特点，如条理清晰、表达简要、内容完整、前后一致（排版、字体、行距等）等，因此针对不同的岗位，尽量制作有针对性的简历。如用人单位明确要求求职者在简历中提供的信息，求职者一定要遵照执行。简历的内容不宜太长，避免让简历超过 2 页，最好是 1 页。制作简历时不要使用生活照、艺术照，不要使用花哨的版面和过度包装，不要夸大或虚报信息，不要用口语化的文字和表达，不要提供太多证明材料（初次申请）。

志当存高远。

——诸葛亮

个人简历模板

姓　　名：　　　　　　　　性　　别：

出生年月：　　　　　　　　政治面貌：

学　　历：　　　　　　　　电子邮箱：

联系电话：　　　　　　　　现居住地：

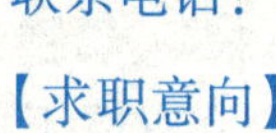

【求职意向】

【教育背景】

【所学主干课程】

【社会实践及所获奖励】

【基本技能】

【个人特长】

把活着的每一天看作生命的最后一天。

——海伦·凯勒

四、面试所考察的能力

以下这些问题你不一定在择业时全部遇到，但是通过对这些问题的梳理，必将有助于你大学四年的能力培养，从而提升你在未来工作环境中的应变能力！

1. 学习力和管理潜力

应聘单位面试刚刚走出校门的毕业生（就是那些几乎没有工作经验的应聘者），希望录用那些接受能力强、有领导（管理）潜力的毕业生，就是希望对方有决断能力，或是希望能够看清应聘者的能力。下面的问题就是为上述目的服务的。

- 你为什么想读大学？
- 你为什么选择……大学（学院）读书？
- 大学时，你为什么选择……专业？
- 如果你在大学（学院）做过兼职工作的话，你认为哪种兼职工作对你最有意思？为什么？
- 你最喜欢的课程是什么？为什么？你最不喜欢的课程是什么？
- 你认为你所受的教育对你生活的最大意义是什么？
- 你认为学校的分数重要吗？学校的评分制度有什么意义，它能体现什么？
- 你哪门课学得最好？为什么？
- 哪些课程学得没有你想像的那样好，为什么？你怎样来加强那几门课程的学习的？
- 你的专业课程中，哪些课程最让你感兴趣？
- 你在大学时遇到的最有挑战性的事情是什么？为什么你认为那件事对你最具有挑战性？
- 介绍一下你的课外活动。你为什么愿意从事那些课外活动？通过那些课外活动，你都学了些什么？

2. 自我评估能力

这类问题主要是为了让应聘者根据自己的判断对自己的行

所有坚忍不拔的努力迟早会取得报酬的。

——安格尔

为、经历和技能进行分析。这类问题使面试者有机会看出应聘者究竟怎样看待自己。此外，这些问题也适合测评自我形象以及自尊、自醒、自我认识的能力。

• 在前任工作中，你的哪些素质使你成为公司很有价值的员工？

• 请描述一下自己。

• 到目前为止，你认为哪方面的技能或个人素质是你成功的主要原因？

• 当别人讲你的时候，他们首先会提及你哪方面的素质？

• 你认为你的工作效率怎么样？

• 什么东西促使你努力工作？

• 你认为你对工作的最重要的贡献是什么？

• 如果你被聘用的话，你会带来什么其他人不能带来的优点和长处？

• 什么特别的素质使你和他人有所区别？

• 你为什么认为你能胜任这个工作？

3. 时间观念

时间是否能够有效利用是区分普通和优秀员工或经理的十分重要的条件之一。

• 请举例说明你通常是怎样计划自己的一天（或一周）的。

• 你认为，就时间管理而言，一个人最应该知道的东西是什么？

• 若让你完成大量的工作，而完成期限又十分短，为了完成任务，你使用的最基本的方法是什么？

• 效率高的人（经理、管理者）是怎样确定自己的工作重点的？

• 假设你正在处理一件非常重要的事情，这时你还得面对一个很大的危机。你该怎样分配时间？

• 打扰是工作中司空见惯的事。过去你用什么办法来对付工作中的打扰？

石可破也，而不可夺坚；丹可磨也，而不可夺赤。

——《吕氏春秋·诚廉》

- 你遇到的时间管理方面的最难的问题是什么？你为什么认为那个问题很难？你是怎样努力解决那个难题的？
- 假设你的老板总是在最后一刻才给你分配工作任务，你是怎样克服由此带来的巨大麻烦的？
- 假设你的老板让你做与你的本职工作没有什么联系的工作，这会使你不能按时完成你的本职工作。你是怎样解决这个问题的？
- 假设你接了一个工作，本来计划在一周内可以完成，但是，做到中途时，你发现这个工作两个星期也干不完。应对这样的局面，你有几种选择？你将作出哪种选择？

4. 主动性和独立思考能力

判断你是否具备主动性和独立思考的能力，请注意以下问题。

- 假设你的老板不在，你不得不作出超过你权限的决定，你该怎么做？
- 假设给你分配一个项目，这个项目除了完成期限外，既没有可借鉴的经验，也没有操作说明，你该怎么开始这个项目？
- 你想承担更大的责任吗？为什么？
- 讲一个你突然接到某个预想不到的任务并去完成的经历。
- 在你以前的工作中，你曾经解决过多少本来不属于你职权范围内的一些公司的问题？
- 工作给你带来的最大的满足是什么？
- 在你的上一个工作中，你发现了以前存在的哪些问题？
- 讲讲上一个工作中因为你而发生的一些变化。
- 工作中，你认为哪些情形是比较危险的？为什么？
- 请讲述这样一个情况：为了完成某项工作，有必要超出自己的权限，做一些本职工作以外的工作。

5. 团队意识

团队工作需要很强的人际交往能力、掌握交际常识。但很多在团队工作的人都不具备这两种素质，因而他们惹了很多麻烦，

书籍是你的朋友，虽然没有热情，但是它非常忠实。

——雨果

并影响了团队的生产力。

- 请你讲出你在团队工作背景下遇到的最具有创造性和挑战性的事情。你是用什么方法鼓励他人和你自己来完成这件事的?
- 请讲一下你对团队工作最喜欢和最不喜欢的地方？为什么?
- 请说出你作为团队成员所遇到的最困难的事情。你是怎样解决这个困难的？你在解决困难中起了什么作用?
- 请说出你在什么情况下工作最有效率?
- 你认为怎样才算一个好的团队成员?
- 你认为做一个好的员工和当一位好的团队者有什么区别?

6. 有效的沟通技能

无论什么样的工作，沟通都是很重要的一部分。其实，工作责任越大，对与之有关员工的沟通能力的要求就越高。

- 假设某人说话不清，但是你还必须听他的话，你怎样回答他的问题才好?
- 一个好的沟通者应具备哪些条件?
- 请说一下别人是怎样看你的?
- 我想知道你曾经遇到的最有挑战性的沟通方面的问题。你为什么认为那次经历对你最富有挑战性，你是怎样应对的?
- 你认为最难沟通的问题是什么？为什么?
- 你认为良好沟通的关键是什么?

7. 交际能力

应聘者的交际能力对其工作的最终成功起着举足轻重的作用。据统计，员工被解雇的最主要的原因是和同事处不好关系。若让应聘者回答他们能否和同事处好关系的话，他们绝大多数都会说，他们具有很好的人际交往能力。但是，还是有必要看看应聘者这两方面的情况：（1）对他人的基本观点和看法；（2）容忍他人的一些行为以及建立并维持富有成效的工作关系的能力。

- 在和一个令你讨厌的人一起工作时，你是怎样处理和他在

时间是我的财产，我的田亩是时间。

——歌德

工作中的冲突的？

- 假设你不得不改变一个公司中比你职位高的人，公司人都知道，这个人思维和工作都很死板。
- 你喜欢和什么样的人一起工作？为什么？
- 在你以前的工作中，你发现和什么样的人最难相处？为了和这样的人共事，并使工作效率提高，你是怎样做的？
- 你以前的经理做的哪些事情最令你讨厌？
- 想想你的老板，他们工作中各自的缺点是什么？
- 你认为这些年来同事对你怎么样？
- 讲一些你和你的老板有分歧的事例，你是怎样处理这些分歧的？
- 和团队中他人紧密合作有时特别难。作为团队一员，请你说说你遇到的最具有挑战性的事情是什么？
- 若你的经理让你告诉你的某位同事“表现不好就走人”，你该怎样处理这件事？

8. 决策和分析问题的能力

简言之，做决定就是从某一问题的众多答案中选择一个。决定能力是衡量应聘者综合能力的非常重要的指标之一。当今，某位应聘者不具有材料收集、数据分析和系统推理能力的话，单位是不能聘用这个人的。有经验的应聘者知道，决定不能在真空中作出，必须考虑到某个决定对公司其他方面的影响。

- 你觉得你在解决问题时凭逻辑推理还是仅凭感觉？请根据你以前的工作经历来谈谈你的体会。
- 举一个过去的例子说明，在作出决定时，必须进行认真分析、周密考虑。请说说你做决定的过程。
- 如果我们让你干这个职位的话，你怎样决定是否接受这个工作呢？
- 你为什么干这一行，而不干其他行当呢？
- 你一生中作出的最有意义的决定是什么？那个决定为什么有意义？那个决定是怎样作出来的？

若要功夫深，铁杵磨成针。

——曹学

- 当你要决定是否试做全新的事情时，你对成功的把握性有多大？
- 在你的前任工作中，你根据什么标准决定是否做些不属于你工作任务的任务项目？
- 你为什么在事业的这个阶段决定寻找新的机会？
- 假设你想要给自己找一位助手，有两位候选人，你怎样决定聘用哪一个呢？
- 假如另一部门的某位员工经常来打扰你部门员工的工作，你有哪些办法可以解决这个问题？你会选择哪种办法？为什么？

9. 灵活多变性

灵活多变的人有高超的交际沟通能力，他们在维持个人和公司利益的同时，知道如何随时调整他们的办事方式和方法。这样的人知道，人和人之间是有很大区别的，为了把工作做好，管理者得使用不同的办法来使下属们相互配合协作。善于变通的人也很会管理时间，并能够平衡不同的工作重点。下面一些问题能够看出应聘者在这方面的能力。

- 讲讲你曾经改变工作方法来应付复杂工作情况的经历。
- 假设你的老板让你承担非你本职工作的任务，而接下任务的话，你就无法按时完成自己的本职工作。这种情况下，你是怎样办的？
- 你认为什么样的人最难在工作中一起共事？在这种情况下，你用什么方法和这样的人成功共事？
- 讲讲你曾经遇到的同时接受很多工作任务的经历。你是怎样设法完成这些工作的？
- 请描述一下你是怎样计划一个特别忙碌的一天的？
- 你是怎样计划每天（每周）的活动的？
- 若有很多工作要做，每个工作的完成期限都非常短，你该用什么方法在有限的时间内来完成这些工作？
- 你怎样判断哪些工作是重点，而哪些不是重点？
- 假设在短期危机和长远任务相矛盾的情况下，你是怎样决

宿命论是那些缺乏意志力的弱者的借口。

——罗曼·罗兰

定哪些是工作重点，而哪些是次重点的？

- 干扰是工作中常见的现象。过去你用什么方法来减少工作中的干扰的？
- 在你前任工作中，哪些本来不属于你的正常工作，而你却承担了？我想知道你为什么要干那些非本职工作呢？

五、世界500强优秀员工的12条标准

（1）**敬业精神**。一个人的工作是他生存的基本权利，有没有权利在这个世界上生存，看他能不能认真地对待工作。能力不是主要的，能力差一点，只要有敬业精神，能力会提高的。如果一个人的本职工作做不好，应付工作，最终失去的是信誉，再找别的工作、做其他事情都没有可信度。如果认真做好一个工作，往往还有更好的、更重要的工作等着你去做。这就是良性发展。

（2）**忠诚**。忠诚建立信任，忠诚建立亲密。只有忠诚的人，周围的人才会接近你。企业在招聘员工的时候，绝对不会去招聘一个不忠诚的人；客户购买商品或服务的时候，绝对不会把钱交给一个不忠诚的人；与人共事的时候，也没有人愿意跟一个不忠诚的人合作……

（3）**良好的人际关系**。良好的人际关系会成为你这一生中最珍贵的资产，在必要的时候，会对你产生巨大的帮助，就像银行存款一样，时不时地、少量地存，积少成多，有急需时便可派上用场。难怪美国石油大王洛克菲勒说："我愿意付出比天底下得到其他本领更大的代价来获取与人相处的本领。

（4）**团队精神**。单打独斗的时代已经过去，在知识经济时代，竞争已不再是单独的个体之间的斗争，而是团队与团队的竞争、组织与组织的竞争，许许多多困难的克服和挫折的平复，都不能仅凭一个人的勇敢和力量，而必须依靠整个团队。作为一个独立的员工，必须与公司制定的长期计划，保持步调一致。员工需要关注其终身的努力方向，如提高自身及同事的能力，这就是团队精神的具体表现。

（5）**自动自发地工作**。充分了解工作的意义和目的，了解公

司战略意图和上司的想法，了解作为一个组织成员应有的精神和态度，了解自己的工作与其他同事工作的关系，并时刻注意环境的变化，自动自发地工作，而不是当一个木偶式的员工！

（6）**注重细节，追求完美。**每个人都要用搞艺术的态度来开展工作，要把自己所做的工作看成一件艺术品，对自己的工作精雕细刻。只有这样，你的工作才是一件优秀的艺术品，也才能经得起人们细心地观赏和品味。注重细节，追求完美，细节体现艺术，也只有细节的表现力最强。

（7）**不找任何借口。**不管遭遇什么样的环境，都必须学会对自己的一切行为负责！属于自己的事情就应该千方百计地把它做好。只要你还是企业里的一员，就应该不找任何借口，投入自己的忠诚和责任心。将身心彻底地融入企业，尽职尽责，处处为自己所在的企业着想。

（8）**具有较强的执行力。**具有较强的执行力的人在每一个阶段，每一个环节都力求卓越，切实执行。具有较强执行力的人就是能把事情做成，并且做到他自己认为最好结果的人。具有较强执行力的人随时随地都想着企业的顾客，了解了顾客的需求后，并乐于思考如何让产品更贴近并帮助顾客。

（9）**找方法提高工作效率。**遇到问题就自己想办法去解决，碰到困难就自己想办法去克服，找方法提高工作效率。在企业里，没有任何一件事情能够比一个员工处理和解决问题，更能表现出他的责任感、主动性和独当一面的能力。

（10）**为企业提好的建议。**为企业提好的建议，能给企业带来巨大的效益，同时也能给自己更多的发展机会。为了做到这一点，你应尽量学习了解公司的业务运作的经济原理，为什么公司业务会这样运作？公司的业务模式是什么？如何才能盈利？同时，你还应该关注整个市场动态，分析总结竞争对手的错误症结，不要让思维固守在以前的地方。

（11）**维护企业形象。**企业形象不仅靠企业各项硬件设施建设和软件条件开发，更要靠每一位员工从自身做起，塑造良好的自身形象。因为，员工的一言一行直接影响企业的外在形象，员工的综合素质就是企业形象的一种表现形式，员工的形象代表着企业的形象，员工应该随时随地维护企业形象。

（12）**与企业共命运。**企业的成功不仅仅意味着这是老板的成功，更意味着每个员工的成功。只有企业发展壮大了，你才能够有更大的发展。企业和你的关系就是“一荣俱荣，一损俱损”，不管最开始是你选择了这家企业，还是这家企业选择了你，你既然成为了这家企业的员工，就应该时时刻刻竭尽全力为企业作贡献，与企业共命运。企业就是你的家，要是家庭不幸，你也会遭遇不幸。

忍耐和坚持虽是痛苦的事情，但却能渐渐地为你带来好处。

——奥维德

第三编

职业生涯规划第三步：规划路径

大学是人生的关键阶段，要把握每一个“第一次”。

你第一次开始追逐自己的理想、兴趣。

你第一次独立地参与团体和社会生活。

你第一次有机会在学习理论的同时亲身实践。

你第一次不再由父母安排生活和学习中的一切，而是有足够的自由处置生活和学习中遇到的各类问题，支配所有属于自己的时间。

要珍惜每一个“最后一次”。

你最后一次有机会系统性地接受教育。

你最后一次能够全身心建立你的知识基础。

你最后一次可以将大段时间用于学习的人生阶段。

你最后一次可以拥有较高的可塑性、集中精力充实自我的成长历程。

你最后一次能在相对宽容的，可以置身其中学习为人处世之道的理想环境。

——Google 全球副总裁、中国区总裁

李开复

第一节 职业生涯的整体规划

目标内容	短期目标	中期目标	远期目标
优势 Strength			
劣势 Weakness			
机会 Opportunity			
威胁 Threat			

职业生涯的主要目标及行动方案		
职业生涯目标分解		行动方案
教育准备		
兴趣培养		
能力培养		

忍耐和坚持虽是痛苦的事情，但却能渐渐地为你带来好处。

——奥维德

性格完善		
人际关系		
经济准备		
健康与休闲生活		
社团与社会实践活动		
……		

第二节 大学生学业管理

职业生涯规划不可能一劳永逸，应根据内心成长、认知变化、所处环境的变化以及有需要的时候，不断地进行调整和完善。建议在自我分析和广泛听取家长、朋友、老师意见的基础上，对自己的职业生涯规划每半年进行一次修正和调整，使其不断完善。

大学生，从入学的第一天起，就应当对未来有一个正确的认识，制订计划并持之以恒地去实施。做与不做、做什么、怎么做……都由你自己去选择、去决定。任何建议，只是为你提供参考

以勇敢的胸膛面对逆境。

——贺拉斯

与借鉴，最终还是要靠你自己去抉择和践行。大学，作为人生的一个重要阶段，规划实施得当，未来才会有更好的前景。

思想道德修养计划	
1	树立正确的人生观、价值观、道德观，坚持正确的人生价值取向，坚持“利人利己”的人生策略
2	积极参加党、团活动和党校培训，争取在大四上学期前加入中国共产党或者成为入党积极分子
3	至少获得一项个人荣誉称号：优秀学生、三好学生、优秀学生干部、精神文明奖、美德奖、优秀共青团员、优秀毕业生等
4	讲究诚信，坚持认真学习，坚持考试不作弊，坚持诚实守信
5	每学年至少参加一次青年志愿服务或义务解说、义工、爱心奉献等公益活动，并在其中发挥作用
6	每学期至少做一件对寝室、班级、学校、社会有益的事
7	从小事做起，提升自我人文修养，如注重公德和公共卫生，不乱扔烟头和垃圾，不污染环境，不在公共场合大声说话等
8	微笑面对每一天，和每个认识的人微笑着打招呼，向遇到的老师说声“老师好”
9	心存感激，常常给父母、亲朋打个电话或写封信，尤其在节日期间，要多问候
10	举止文明，言行得当，不做有损大学生形象的事
11	拥有阳光心态，每天早晨面对朝阳深吸一口气，对自己说：“今天又是新的一天，无论怎样都要以阳光心态来面对!”
12	培养同情心，学会换位思考，学会替他人着想，常常与人交流
13	学会自己放松，能够自我调节，如参加自己喜欢的文体活动，列出自己的三大优点，洗个热水澡，换个发型，穿上最喜欢的衣服，还可以邀约两三个好友一起逛街或看部喜欢的电影

浪费时间是所有支出中最奢侈及最昂贵的。

——富兰克林

（续表）

思想道德修养计划	
14	学会与人分享，常常与人交流，分享自己的快乐和痛苦
专业学习及专业拓展计划	
15	完成教学计划规定课程的学习，并顺利通过考试，不挂科
16	认真参加选修课学习，加强人文素质修养的提升
17	通过学位英语或英语四级（或六级、八级等）的考试
18	按时、顺利毕业，并获得毕业证书和学位证书
19	在安排好第一课堂学习的前提下，积极参加第二课堂活动，并在其中发挥自己的作用
20	认真听取学术讲座，并从中获得相应启迪
21	利用寒暑假，开展“三下乡”活动、社会调查、打工、勤工俭学等社会实践活动，尽可能利用第三学年寒暑假开展专业实践活动
22	至少参加一次“挑战杯”、数学建模、电子设计大赛、英语大赛、各类学科竞赛、科技学术与创新创业等竞赛活动，并通过各种大赛培养自己的能力
个人能力和特长发展计划	
23	找到自己感兴趣、有优势的“点”专精下去，坚持在该领域每天至少学习半小时以上，争取到毕业时在某方面有一定特长
24	树立个人品牌意识，突出个人亮点，如热情、乐于助人、忠诚、认真、严谨、负责、专业等
25	毕业前至少具备一技之长，如外语、计算机、写作、演讲、书法、绘画、表演、主持、音乐、舞蹈等
26	争取担任一届校、院、团、班级、寝室等干部，或者社团、刊物负责人，并努力培养自己的组织能力
27	参与一次班级或院系大型活动的组织工作，并积极培养自己的协调能力
28	至少参加一个与兴趣、特长或专业相关的社团

与其用华丽的外衣装饰自己，不如用知识武装自己。

——马克思

（续表）

职业资格与技能证书获取计划		
29		获一项与专业或选定职业相关的专业资格证书，如建筑师证、会计师证、教师证、法律资格证、人力资源师证、秘书资格证、心理咨询师证等
30		至少获取一项证明自己特长的证书，如雅思、托福、GRE、英语四六级、计算机等级、普通话等级、驾照、书法与绘画等级、器乐等级证书等
31		尽量获得一项学校、学院、系颁发的竞赛获奖证书
习惯养成计划		
学习习惯养成	32	一心向学，利用所有闲暇时间直接或间接做与学习相关的事
	33	定时定量学习，每天保证固定学习时间，规定必须完成的学习任务，包括必须完成的外语单词和语法，数理化的定理、定义、公式，中文的字、词、义等的记忆任务
	34	联系课堂，深入思考，善于提出问题和不同见解
	35	注意形成良好的学习和生活习惯，保护好身体，不要以牺牲身体为代价而追求成绩提升
	36	坚持写日记和读书笔记，把自己的心得和体会真实记录下来
	37	常常去图书馆饱览群书
	38	将每天上网游戏时间减少半小时，用于阅读、文体活动或与人交流
生活习惯养成	39	遵守学校的作息时间
	40	坚持晨练和早读
	41	常常参加体育锻炼或文娱活动
	42	注重个人卫生，饮食卫生
工作习惯养成	43	遵守时间
	44	诚实守信
	45	兢兢业业
	46	快乐工作
	47	主动工作
	48	善于抓住重点工作，善于分配时间
	49	坚持不懈，善始善终

发奋忘食，乐以忘忧，不知老之将至云尔。

——孔子《论语》

（续表）

习惯养成计划		
克服不良习惯	50	克服投机取巧，立足踏实工作
	51	克服马虎轻率，坚持仔细认真
	52	克服浅尝辄止，坚持进行到底
	53	克服推脱借口，善于勇往直前
	54	克服嘲弄抱怨，善于自查原因
	55	克服吹毛求疵，学会包容别人
	56	克服眼高手低，能够实事求是
读书计划		
58	在大学四年中，至少阅读20本对自己有价值的书籍。此外阅读自己喜爱的相关杂志、书籍	
毕业去向计划		
59	本课程结束时初步确定毕业去向：就业、考研还是出国	
60	大三上学期最终确定毕业去向，根据毕业去向选修相关课程	

时间管理四分图

史蒂芬·高雷（Stephen Corey）在他的 *First Thing First* 一书中介绍过一些时间管理四分图的概念，即若把你每天睡眠以外的时间用以下的四种性质分开，每种占多大的百分比。

（1）重要而急。很多人每天的生活都在极度忙碌之中，处理的每件事都是重要而急迫的。若长期这样地生活占全部时间的50%或以上，我们的生理和心理健康都会受到不良影响，与别人的关系和人生其他的重要方面都会因而变得更糟。

（2）重要而不急。经常告诉自己应该去做（或多做），但总是没有去实行。这些事情往往是真正把自己人生推向前的事情，如足够睡眠、与家人旅行、学习、运动、研究工作等。这亦是最容易被忽略的。

岁寒，然后知松柏之后凋也。

——孔子《论语·子罕》

（3）不重要而急。这类事情是为别人而做的，例如接听手提电话、约好去些无关紧要的约会等。若这类事情太多，我们会埋怨自己太容易被人摆布，或者处于被动和无奈的境地。

（4）不重要亦不急。这类事情在人生中常常是可有可无的。但是如果一件这样的事长期存放在心里，它可能就是重要的事而未曾被自己注意。

在进行时间安排时，应权衡各种事情的优先顺序，要学会“弹钢琴”，做好协调。

对工作要有前瞻性，防患于未然，如果总是在忙于“救火”，那将使我们的工作永远处于被动之中。

以下的表格供检讨用，建议每3个月做一次。

	现　在	目　标
重要、急	%	%
重要、不急	%	%
不重要、急	%	%
不重要、不急	%	%
合计	100%	100%

第三节　大学生学业规划建议

大一——适应期

特征	• 新环境的冲击 • 学习和生活方式的改变 • 人际关系的复杂化 • 富有朝气，充满希望

少壮不努力，老大徒悲伤。

——汉乐府古辞《长歌行》

（续表）

任务	• 尽快熟悉新的环境 • 适应新的学习和生活方式 • 融入新的集体中，认识新的同学和朋友 • 学会独立生活和思考 • 明确：专业无冷热，学校无高低，大可不必为你的学校不好或者专业冷门而自卑 • 经验：最好在大一，最迟在大二考过英语四级，高考时英语基础还很扎实，认真准备后就可通过。时间越长考过的希望越小，很多同学考了三四次不过，而且一次比一次成绩差
关键词	• 适应：进入大学后，面对新环境，做好心理调适，正确认识与评价自我，扬长避短，重新进行角色定位，尽快从高中生的角色进入到大学生的角色 • 规划：进入大学后，心里要有自己的大学规划，要经常问自己"我来大学干什么""今后我该成为什么样的人"，确立明确而现实的目标以带动大学生活，顺利完成高中生到大学生的角色转变 • 选择：选择自己感兴趣的专业和相关社团
温馨提示	• 有效利用周边资源，戒除"网瘾" 建立支持系统，同寝室结成"远离网瘾"同盟，互相提醒、互相监督，可以采取以下几种方法： ①利弊平衡法。列出游戏对自己的益处与害处，再根据自己身份列出目前必须要做的十件事，两厢比较，自然作出选择 ②根源分析法。找出玩游戏的根源，尤其是探究玩什么样的游戏成瘾，从而明晰心理需求，建立心理防线，要有足够勇气对游戏邀请说"NO!"远离游戏资源 ③转移视线法。选择并坚持一项阳光积极的爱好或运动，以明确的目标意识摧垮"网瘾"，比如英语四级（计算机二级）不过，绝不打游戏 ④时间冷淡隔离法。每天都少打五分钟，固定时间段打游戏，其他时间不碰游戏；每天只打半小时游戏，设定闹铃提醒自己或让身边室友、同学提醒

人是为了思考才被创造出来的。

——帕斯卡

（续表）

温馨提示	⑤意向练习法。想象另一个成熟的自己对正在打游戏时的自己说:"现在已经是大学生了，不再是小孩子了，完全有能力掌控自己的时间" • "和而不同"的寝室相处 ①制定寝室公约，并共同遵守，明确原则与底线 ②学会容忍乃至欣赏差异，站在对方的角度思考下，你会发现很多换位思考、坦诚沟通、有理有据、不含攻击与挑衅的谈话很重要，若难以启齿的话，不妨以短信或邮件的方式发给对方。 ③以阳光、乐观的态度与肯定的思想分析言行，不必拘泥或臆测对方，或许对方是无意识的举止。 ④注意寝室居住细节，使用别人物品时要征得对方同意，注意摆放与整理个人物品，一定要记得自己的值日时间，早出晚归注意洗漱、开关门与走路声等影响他人休息，注意打电脑、煲电话粥时间不要影响他人正常作息。 ⑤关爱室友，风雨同舟

建议内容（可参照执行，也可自行修改补充）	计划完成情况（包括完成时间，效果或未完成的原因）
1. 向老师和前辈同学请教，拜访几位好老师，结交几个好友	
2. 争取一次性通过计算机等级考试或英语等级考试，拿到相关等级证书	
3. 读几本好书，在注意安全情况下，利用学习之余去几个好地方开阔眼界	
4. 积极参加班级与学校管理，争取成为学生干部，锻炼组织能力、协调能力	
5. 在不影响正常学习前提下，有选择性地参加社团活动，发挥特长	

人是为了思考才被创造出来的。

——帕斯卡

（续表）

建议内容（可参照执行，也可自行修改补充）	计划完成情况（包括完成时间，效果或未完成的原因）
6. 尽快熟悉本专业相关情况，尤其是学科特点与就业情况	
7. 尽快熟悉学习生活环境	
8. 每周前往图书馆看书，每学期听取两次学术讲座，并写出心得体会	
9. 开始接触并进行职业规划，了解、明确未来所想从事的职业或自己所学专业对口的职业	
10. 建议通过访谈校友、走访人才市场、向用人单位尝试投递简历、短期兼职等多种实践形式真切把握所学专业的就业现状与前景发展，进而清晰自己的职业目标	
11. 经常与家人和中学的老师、同学通电话或通信，不要间断	
12. 坚持晨读、晨练，养成良好的学习、生活习惯	

励志故事

科学家霍金小时候的学习能力似乎并不强，他很晚才学会阅读，上学后在班级里的成绩从来没有进过前10名，而且因为作业总是“很不整洁”，老师们觉得他已经“无可救药”了，同学们也把他当成了嘲弄的对象。在霍金12岁时，他班上有两个男孩子用一袋糖果打赌，说他永远不能成才，同学们还带有讽刺意味地给他起了个外号叫“爱因斯坦”。谁知，20多年后，当年毫不出众的小

精诚所加，金石为开。

——范晔

男孩真的成了物理界一位大师级人物。这究竟是什么原因呢？

原来，随着年龄渐长，小霍金对万事万物如何运行开始感兴趣起来，他经常把东西拆散以追根究底，但在把它们恢复组装回去时，他却束手无策。不过，他的父母并没有因此而责罚他，他的父亲甚至给他担任起数学和物理学“教练”。在十三四岁时，霍金发现自己对物理学方面的研究非常感兴趣，虽然中学物理学太容易、太浅显，显得特别枯燥，但他认为这是最基础的科学，有望解决人们从何处来和为何在这里的问题。从此，霍金开始了真正的科学探索。

我的大一上学期学习计划

学期计划	根据大一的特征、任务以及建议方案，本学期将要完成的事情有：  本人签名：________

世间万物有盛衰，人生安得常少年。

——于谦

时间	行动计划	完成与否	没完成原因
第一月			
第二月			
第三月			
第四月			

必须以率直、谦虚的态度，乐观进取、向前迈进。

——松下幸之助

<table>
<tr><td rowspan="8">学期总结</td><td>学习成绩排名</td><td></td><td>素质拓展总分</td><td></td></tr>
<tr><td>选修课情况</td><td></td><td>课外活动情况</td><td></td></tr>
<tr><td>社会实践情况</td><td></td><td>资格证书情况</td><td></td></tr>
<tr><td>获奖情况</td><td></td><td>阅读书籍情况</td><td></td></tr>
<tr><td colspan="4">完成的事项</td></tr>
<tr><td colspan="4">优点（或进步）小结</td></tr>
<tr><td colspan="4">不足方面小结</td></tr>
<tr><td colspan="4">改进措施和今后打算</td></tr>
</table>

对于不屈不挠的人来说，没有失败这回事。

——俾斯麦

（续表）

<table>
<tr><td rowspan="2">意见建议</td><td>教师意见和建议

教师签名：________

年　月　日</td></tr>
<tr><td>辅导员意见和建议

辅导员签名：________

年　月　日</td></tr>
</table>

所谓天才，只不过是把别人喝咖啡的工夫都用在工作上了。

——鲁迅

寒假计划

寒假计划	
计划执行情况和收获	
家长评价	家长签名：________ 年　月　日

天行健，君子以自强不息。

——《周易·乾·象》

我的大一下学期学习计划

学期计划	根据大一的特征、任务以及建议方案，本学期将要完成的事情有：  本人签名：________

我们都有足够的力量来忍受别人的不幸。

——拉罗什富科

时间	行动计划	完成与否	没完成原因
第一月			
第二月			
第三月			
第四月			

苦难是人生的老师，通过苦难，走向欢乐。

——贝多芬

<table>
<tr><td rowspan="8">学期总结</td><td>学习成绩排名</td><td></td><td>素质拓展总分</td><td></td></tr>
<tr><td>选修课情况</td><td></td><td>课外活动情况</td><td></td></tr>
<tr><td>社会实践情况</td><td></td><td>资格证书情况</td><td></td></tr>
<tr><td>获奖情况</td><td></td><td>阅读书籍情况</td><td></td></tr>
<tr><td colspan="4">完成的事项</td></tr>
<tr><td colspan="4">优点（或进步）小结</td></tr>
<tr><td colspan="4">不足方面小结</td></tr>
<tr><td colspan="4">改进措施和今后打算</td></tr>
</table>

失败也是我需要的，它和成功一样对我有价值。

——爱默生

（续表）

<table>
<tr><td rowspan="2">意见建议</td><td>教师意见和建议

教师签名：________
年　月　日</td></tr>
<tr><td>辅导员意见和建议

辅导员签名：________
年　月　日</td></tr>
</table>

我发现生活是令人激动的事情，尤其是为别人活着时。

——海伦·凯勒

暑假计划

暑假计划	
计划执行情况和收获	
家长评价	家长签名：________ 年 月 日

世界上最快乐的事，莫过于为理想而奋斗。

——苏格拉底

大二——定位期

特征	• 环境已经熟悉，但对未来依然迷茫 • 有相对稳定的交际圈子 • 开始进行专业课程学习
任务	• 尽快熟悉新的环境 • 适应新的学习和生活方式 • 完全融入新的集体中，认识新的同学和朋友 • 学会独立生活和思考 • 要明确专业无冷热，学校无高低，关键看自身是否努力，大可不必为你的学校不好或者专业冷门而自卑 • 详细了解专业课程和专业方向，并学会超越专业选择的学习能力的培养 • 全面提升自身的综合素质，如语言表达能力、团队合作能力、一定的写作能力等 • 可多与老师、师兄、师姐们进行交流，并通过交流尽快成熟起来，找准自己的方向
关键词	• 精通一门学科 ①根据自己的兴趣选择一门最适合自己的学科 ②正确处理"精"与"博"的关系，"博"是"精"的基础，"精"是"博"的升华 ③坚持自学，不懂的地方应多查多问 ④和老师保持联系，重视与老师的交流 • 综合素养的全面升级 ①优秀的英文表达能力 ②熟练的电脑操作能力 ③优秀的领导能力 ④团队合作精神 ⑤沟通能力 • 进入职场的经验收获 ①独立的判断能力。质疑精神并不代表质疑本身，独立的思考会帮助你更快更好地完成工作

世界上最快乐的事，莫过于为理想而奋斗。

——苏格拉底

（续表）

关键词	②分析能力。除了独立，我们还需要思考，确切地说是对一种严谨思维方式的掌握 ③主动性。成功来源于我们的主动。它彰显的是一种态度，也是一种能力
温馨提示	• 当压力来袭 ①闭上眼睛，尽量多做深呼吸 ②闭目构思，在脑海里构思出一副安静祥和的画面。构思的越详细、越投入，就越能起到缓解压力的作用 ③听一些轻松的音乐，节奏舒缓的音乐会让你获得平静和放松 ④尝试进行十几分钟的短途散步，在提高你的兴致和情绪的同时消除各种压力 ⑤想想那些能让你开怀一笑的事情或者笑话 ⑥找一处安静的地方进行冥想或者什么都不想 • 当爱情来敲门 ①你们的智力是否处于同一水平 ①你们是否拥有相同的价值观 ③你们是否有近似的兴趣爱好 ④你们是否对未来有同样的预期 ⑤如何正确处理好学习与爱情的关系

建议计划（可参照执行，也可自行修改补充）	计划完成情况（包括完成时间，效果或者未完成的原因）
1. 学好专业课，完善知识结构与素质技能结构	
2. 注重通识教育学习，努力培养自身的文化修养和提升自身素质	
3. 具备一项专长：选取感兴趣的“点”精专下去，每天学习不少于一小时	
4. 增强英语口语能力、计算机应用能力，通过英语和计算机的更高级别考试及相关专业级别考试	

理想的实现只靠干，不靠空谈。

——德谟克利特

（续表）

5. 培养职业需要的实践能力，重点培养满足社会需要的决策能力、创造能力、社交能力、实际操作能力、组织管理能力和自我发展的终身学习能力、心理调适能力、随机应变能力等	
6. 明晰自我，可根据人才测评及相关咨询客观认识自我、拟定初步职业发展方向，确定自己的职业定位	
7. 利用暑期长假参加各种和专业相关的社会实践与兼职活动等，增加社会阅历	
8. 合理锻炼身体，健康饮食，坚持锻炼	
9. 合理利用时间，参加学校社团活动，并在其中发挥自己的长处	
10. 学会查找、收集资料，学会图书检索	
11. 多听学术讲座，开拓自己的学术视野	

男儿不展风云志，空负天生八尺躯。

——冯梦龙

我的大二上学期学习计划

学期计划	根据大二的特征、任务以及建议方案，本学期将要完成的事情有：
	 本人签名：________

男儿不展风云志，空负天生八尺躯。

——冯梦龙

时间	行动计划	完成与否	没完成原因
第一月			
第二月			
第三月			
第四月			

没有理想，就达不到目的；没有勇敢，就得不到东西。

——别林斯基

<table>
<tr><td rowspan="8">学期总结</td><td>学习成绩排名</td><td></td><td>素质拓展总分</td><td></td></tr>
<tr><td>选修课情况</td><td></td><td>课外活动情况</td><td></td></tr>
<tr><td>社会实践情况</td><td></td><td>资格证书情况</td><td></td></tr>
<tr><td>获奖情况</td><td></td><td>阅读书籍情况</td><td></td></tr>
<tr><td colspan="4">完成的事项</td></tr>
<tr><td colspan="4">优点（或进步）小结</td></tr>
<tr><td colspan="4">不足方面小结</td></tr>
<tr><td colspan="4">改进措施和今后打算</td></tr>
</table>

生活中没有理想的人，是可怜的人。

——屠格涅夫

意见建议	教师意见和建议 教师签名：________ 年　月　日
	辅导员意见和建议 辅导员签名：________ 年　月　日

人生最高之理想，在求达于真理。

——李大钊

寒假计划

寒假计划	
计划执行情况和收获	
家长评价	家长签名：________ 年 月 日

如果不献身给一个伟大的理想，生命就是毫无意义的。

——何塞·黎萨尔

我的大二下学期学习计划

学期计划	根据大二的特征、任务以及建议方案，本学期将要完成的事情有： 本人签名：________

人生应该如蜡烛一样，从顶燃到底，一直都是光明的。

——萧楚女

时间	行动计划	完成与否	没完成原因
第一月			
第二月			
第三月			
第四月			

理想是世界的主宰。

——霍桑

<table>
<tr><td rowspan="8">学期总结</td><td>学习成绩排名</td><td></td><td>素质拓展总分</td><td></td></tr>
<tr><td>选修课情况</td><td></td><td>课外活动情况</td><td></td></tr>
<tr><td>社会实践情况</td><td></td><td>资格证书情况</td><td></td></tr>
<tr><td>获奖情况</td><td></td><td>阅读书籍情况</td><td></td></tr>
<tr><td colspan="4">完成的事项</td></tr>
<tr><td colspan="4">优点（或进步）小结</td></tr>
<tr><td colspan="4">不足方面小结</td></tr>
<tr><td colspan="4">改进措施和今后打算</td></tr>
</table>

有理想的人，生活总是火热的。

——斯大林

意见建议	教师意见和建议 教师签名：________ 年　月　日
	辅导员意见和建议 辅导员签名：________ 年　月　日

青年时种下什么，老年时就收获什么。

——易卜生

暑假计划

暑假计划	
计划执行情况和收获	
家长评价	家长签名：________ 年　月　日

劳动受人推崇。为社会服务是很受人赞赏的道德理想。

——杜威

励志故事

邓亚萍从小就酷爱打乒乓球，她梦想着有朝一日能够在世界赛场上大显身手，却因为身材矮小，手腿粗短而被国家队拒之门外。但她并没有气馁，而是把失败转化为动力，苦练球技，持之以恒的努力终于催开了梦想的花蕾——她如愿以偿地站上了世界冠军的领奖台。在她的运动生涯中，她总共夺得了18枚世界冠军奖牌。邓亚萍的出色成就，不仅为她自己带来了巨大的荣耀，也改变了世界乒乓球坛只在高个子中选拔运动员的传统观念。

大三——奋斗期

特征	• 开始专注于自己的目标 • 专业课的学习进入深化阶段 • 开始反思自己的道路，并进行调整 • 逐渐成熟，此时期乃人生的转折点
任务	• 在不断实践中深化对自己的认识 • 有意识地进行能力和经验积累，增加自己的简历厚度 • 在行动中反思，抓住突破性机会 • 进一步思考自己的人生道路 • 具备一定的学习能力和科研能力 • 全面认识自我，开始了解社会
关键词	• 争取实践机会 ① 参加正式招聘，过关斩将赢得实习名额（应试前要有效运用各个信息渠道和平台，对所应聘公司的文化进行充分的了解）。 ② 在企业活动中寻找机会（多多关注各大公司的相关活动，平时打好专业基础，注重对自身“软素质”和“硬技能”的培养）。 ③ 借助人脉获得实习机会（充分调动人脉关系，注意将他们提供的实习信息和自己的就业目标相结合）。 ④ 主动上门自荐（可以将简历用E-MAIL或邮寄到公司，甚至可以主动给选定公司打电话）。 ⑤ 积极参加学校安排的实践课程，并在其中认真学习。

绝望和信念都会轰走恐怖。

——亚历山大

（续表）

关键词	• 打造个人品牌 ① 基本形式——资质（我们相对于别人来说的角色） ② 次要形式——规范（我们采取何种方式行事） ③ 更次要形式——风格（我们如何与人交往，描述风格特点的词汇具有很强的感情色彩） ④ 关键形式——品格（诚实守信、勤劳敬业、真诚待人等）
温馨提示	• 规划选修课 ① 平衡课程任务。在选课之前做一个课程任务的平衡，把不同任务分配到不同的学期去完成 ② 平衡兴趣爱好。明确哪些课程是你喜欢的，哪些是你毕业前必修的课程，哪些选修课涉及的内容是你必须掌握的 ③ 平衡时间。将必修课的时间、兼职的时间、学习的时间、选修课的时间进行合理搭配 ④ 平衡专业课程。在选课之前，最好平衡一下选修课与专业课的关系，如理工科的学生尽量选择一下文科选修课；文科的学生尽量选择一下理工科选修课 • 阅读技巧 ① 泛览：能博众家之长，无论何时，随便翻翻书，开拓视野 ② 硬看：对难懂的书籍，硬着头皮阅读，直到读懂为止 ③ 精读：选择几本自己特别喜欢的书籍，深入研究下去 ④ 跳读：读书时遇到读不懂的，可以跳过，先阅读下面文字 ⑤ 背读：特别重要的书（如经典）能背诵下来 ⑥ 重读：反复读一些重要的、经典的书籍 • 抉择人生岔路口 ① 考取国内硕士研究生 ② 留学国外 ③ 面对就业

建议内容（可参照执行，也可自行修改补充）	计划完成情况（包括完成时间效果或者未完成的原因）
1. 巩固“精专”学习，基本形成自己的就业专长	
2. 形成良好学习习惯，确保不挂科	

一种理想，就是一种力！

——罗曼·罗兰

（续表）

建议内容（可参照执行，也可自行修改补充）	计划完成情况（包括完成时间效果或者未完成的原因）
3. 把握好实践机会，争取进行与专业相关的有质量的实习、实践机会	
4. 强化专业技能，获取职业相应资格证书，打造个人核心竞争力	
5. 观摩每年的毕业生供需见面会，增加对用人单位的了解，感受就业氛围，明确毕业去向	
6. 争取拿到奖学金或者获得一项荣誉	
7. 培养良好的心理素质，初步适应社会需求	
8. 根据自身兴趣，针对毕业去向选修相关课程，并努力学习	
9. 多读课外书籍和杂志，启发思考，培养良好气质	
10. 具有生活自理能力，学会管理金钱，积累管理经验	
11. 在注意安全的前提下，经历一次旅游，开拓自己的心胸和视野	
12. 多与人交流，有自己独到的见解	
13. 为就业、考研、出国做相应的准备	
14. 建立电子沟通方式，了解世界，认识朋友	

生命，那是自然付给人类去雕琢的宝石。

——诺贝尔

我的大三上学期学习计划

学期计划	根据大三的特征、任务以及建议方案，本学期将要完成的事件有： 本人签名：________

一次失败，只是证明我们成功的决心还够坚强。

——博维

时间	行动计划	完成与否	没完成原因
第一月			
第二月			
第三月			
第四月			

不识坎离颠倒，谁能辨，金木沉浮。

——吕岩

<table>
<tr><td rowspan="7">学期总结</td><td>学习成绩排名</td><td></td><td>素质拓展总分</td><td></td></tr>
<tr><td>选修课情况</td><td></td><td>课外活动情况</td><td></td></tr>
<tr><td>社会实践情况</td><td></td><td>资格证书情况</td><td></td></tr>
<tr><td>获奖情况</td><td></td><td>阅读书籍情况</td><td></td></tr>
<tr><td colspan="4">完成的事项</td></tr>
<tr><td colspan="4">优点（或进步）小结</td></tr>
<tr><td colspan="4">不足方面小结</td></tr>
<tr><td></td><td colspan="4">改进措施和今后打算</td></tr>
</table>

生命不等于是呼吸，生命是活动。

——卢梭

意见建议	教师意见和建议 教师签名：________ 年　月　日
	辅导员意见和建议 辅导员签名：________ 年　月　日

人并不是因为美丽才可爱，而是因为可爱才美丽。

——托尔斯泰

寒假计划

寒假计划	
计划执行情况和收获	
家长评价	家长签名：________ 年　月　日

生命如同寓言，其价值不在于长短，而在于内容。

——塞涅卡

我的大三下学期学习计划

学期计划	根据大三的特征、任务以及建议方案，本学期将要完成的事情有： 本人签名：________

明智者创造的机会比他发现的要多。

——培根

时间	行动计划	完成与否	没完成原因
第一月			
第二月			
第三月			
第四月			

人的生命恰似一部小说，其价值在于贡献而不在于短长。

——佚名

<table>
<tr><td rowspan="8">学期总结</td><td>学习成绩排名</td><td></td><td>素质拓展总分</td><td></td></tr>
<tr><td>选修课情况</td><td></td><td>课外活动情况</td><td></td></tr>
<tr><td>社会实践情况</td><td></td><td>资格证书情况</td><td></td></tr>
<tr><td>获奖情况</td><td></td><td>阅读书籍情况</td><td></td></tr>
<tr><td colspan="4">完成的事项</td></tr>
<tr><td colspan="4">优点（或进步）小结</td></tr>
<tr><td colspan="4">不足方面小结</td></tr>
<tr><td colspan="4">改进措施和今后打算</td></tr>
</table>

人生至愚是恶闻己过，人生至恶是善谈人过。

——申居郧

<table>
<tr><td rowspan="2">意
见
建
议</td><td>教师意见和建议

教师签名：________

年　月　日</td></tr>
<tr><td>辅导员意见和建议

辅导员签名：________

年　月　日</td></tr>
</table>

失足可以很快弥补，失言却可能永远无法补救。

——富兰克林

暑假计划

暑假计划	
计划执行情况和收获	
家长评价	家长签名：________ 年 月 日

人不应该像走兽那样活着，应该追求知识和美德。

——佚名

大四——冲刺期

特征	• 对未来的思考更加现实化、理性化 • 从理想到现实，在艰难中行走，痛并快乐着 • 面对抉择的时刻，既有憧憬又有担心 • 角色调整：从大学时代到后大学时代 • 人生的选择
任务	• 总结自己的大学生活，进一步明确自己的人生选择 • 从就业到择业，在面对就业困境时“曲线救国”也是一种选择 • 目标任务避免单一化，就业、考研、出国是多项选择题，就业道路不止一条 • 通过多种方式了解社会、认识社会，具有失败的心理准备 • 在考研和就业之间徘徊的同学，不要把期望值定得过高，如果有合适的用人单位与就业机遇，最好不要错过。一般来说，秋季学期招聘高峰期一过，用人单位的招聘计划就满了，如果等考研结束再找工作，压力就会非常大 • 首先检验自己已确立的职业目标是否明确，前三年的准备是否充分；接着开始毕业后工作的申请，积极参加招聘活动，在实践中校验自己的积累和准备；最后，预习或模拟面试。利用各种渠道收集就业信息并积极尝试，如加入校友网络，和已经毕业的校友了解往年的求职情况
关键词	• 毕业论文 ① 明确自己的选题，选题由小处动笔，避免老生常谈 ② 善于收集资料 ③ 撰写详细论文提纲 ④ 主动、常常与指导老师联系 ⑤ 注意撰写论文的格式要求 ⑥ 尊重别人的知识产权 • 论文答辩 ① 熟悉所写论文，做完全准备 ② 准时参加，不要迟到 ③ 有礼貌地给答辩老师问好 ④ 带上笔记本和笔

所谓高质量人生，其实就是平衡不断遭到破坏和重建。

——赵鑫珊

（续表）

<table>
<tr><td>关键词</td><td colspan="2">⑤ 注意穿着大方、得体
⑥ 举止适度，认真思考，清晰答辩
• 明晰毕业去向
① 结合自己的专业特长就业，但一定要知道在非专业领域就业是大部分毕业生面临的唯一选择
② 广开渠道，了解就业单位的相关信息，坚信信息就是机会
③ 多参加招聘单位的面试，勤思考多锻炼，在锻炼中成长
④ 尽快转变自己的角色，从学生转变为职场人</td></tr>
<tr><td>温馨提示</td><td colspan="2">• 求职注意
① 强化求职技巧。多参考他人的成功经验，并使这种经验在自己的求职面试当中活学活用
② 撰写“过关”简历与求职信，力求简洁、彰显特点，避免长篇大论、重点不突出、千篇一律
③ 和同学多交流。交流不仅可以交换成功经验，而且很多就业机会就是在同学间的相互交流中获得的</td></tr>
<tr><td colspan="2">建议内容（可参照执行，也可自行修改补充）</td><td>计划完成情况（包括完成时间，效果或者未完成的原因）</td></tr>
<tr><td colspan="2">1. 修完大四的最后几门课程，顺利通过考试，顺利拿到学位证书、毕业证书</td><td></td></tr>
<tr><td colspan="2">2. 积极调研，多请教论文导师，做好毕业论文的撰写工作，并顺利通过论文答辩</td><td></td></tr>
<tr><td colspan="2">3. 多留一些青春的照片，多拜访一下教过你的老师</td><td></td></tr>
<tr><td colspan="2">4. 参加毕业合影，与同学们聚一聚餐，尽情高歌</td><td></td></tr>
<tr><td colspan="2">5. 收集招聘信息，学会设计简历，尽早投递简历</td><td></td></tr>
</table>

最大的挑战和突破在于用人，而用人最大的突破在于信任人。

——马云

（续表）

6. 掌握职场相关礼仪，并努力运用到实践中	
7. 参加毕业典礼和学位授予仪式，并留下青春的纪念	
8. 向社会迈进，做好找房子、个人理财、独立生活的准备	
9. 了解职场，备战职场，了解相关法律知识，善于保护自己	
10. 有良好的心态，正确面对就业压力	
11. 整理行李，文明离校，安全到家	
12. 有研究生考试准备的同学，积极认真参加硕士研究生入学考试	
13. 有出国留学准备的同学，完成留学前一切准备	
14. 考取公务员的同学，认真备战公务员考试	

要知道对好事的称颂过于夸大，也会招来人们的反感、轻蔑和嫉妒。

——培根

我的大四上学期学习计划

学期计划	根据大四的特征、任务以及建议方案，本学期将要完成的事情有：   本人签名：________

要知道对好事的称颂过于夸大，也会招来人们的反感、轻蔑和嫉妒。

——培根

时间	行动计划	完成与否	没完成原因
第一月			
第二月			
第三月			
第四月			

要使整个人生都过得舒适、愉快，这是不可能的，因为人类必须具备一种能应付逆境的态度。 ——卢梭

<table>
<tr><td rowspan="8">学期总结</td><td>学习成绩排名</td><td></td><td>素质拓展总分</td><td></td></tr>
<tr><td>选修课情况</td><td></td><td>课外活动情况</td><td></td></tr>
<tr><td>社会实践情况</td><td></td><td>资格证书情况</td><td></td></tr>
<tr><td>获奖情况</td><td></td><td>阅读书籍情况</td><td></td></tr>
<tr><td colspan="4">完成的事项</td></tr>
<tr><td colspan="4">优点（或进步）小结</td></tr>
<tr><td colspan="4">不足方面小结</td></tr>
<tr><td colspan="4">改进措施和今后打算</td></tr>
</table>

只有把抱怨环境的心情，化为上进的力量，才是成功的保证。

——罗曼·罗兰

意见建议	教师意见和建议 教师签名：________ 年　月　日
	辅导员意见和建议 辅导员签名：________ 年　月　日

重复别人所说的话，只需要教育；而要挑战别人所说的话，则需要头脑。

——玛丽·佩蒂博恩·普尔

寒假计划

寒假计划	
计划执行情况和收获	
家长评价	家长签名：________ 年　月　日

书籍把我们引入最美好的社会，使我们认识各个时代的伟大智者。

——史美尔斯

我的大四下学期学习计划

学期计划	根据大四的特征、任务以及建议方案，本学期将要完成的事情有： 本人签名：________

书不仅是生活，而且是现在、过去和未来文化生活的源泉。

——库法耶夫

时间	行动计划	完成与否	没完成原因
第一月			
第二月			
第三月			
第四月			

想升高，有两样东西，那就是必须作鹰，或者作爬行动物。

——巴尔扎克

<table>
<tr><td rowspan="8">学期总结</td><td>学习成绩排名</td><td></td><td>素质拓展总分</td><td></td></tr>
<tr><td>选修课情况</td><td></td><td>课外活动情况</td><td></td></tr>
<tr><td>社会实践情况</td><td></td><td>资格证书情况</td><td></td></tr>
<tr><td>获奖情况</td><td></td><td>阅读书籍情况</td><td></td></tr>
<tr><td colspan="4">完成的事项</td></tr>
<tr><td colspan="4">优点（或进步）小结</td></tr>
<tr><td colspan="4">不足方面小结</td></tr>
<tr><td colspan="4">改进措施和今后打算</td></tr>
</table>

我的努力求学没有得到别的好处，只不过是愈来愈发觉自己的无知。——笛卡儿

意见建议	教师意见和建议 教师签名：________ 年　月　日
	辅导员意见和建议 辅导员签名：________ 年　月　日

少而好学，如日出之阳；壮而好学，如日中之光；老而好学，如炳烛之明。——刘向

毕业留言

少而好学，如日出之阳；壮而好学，如日中之光；老而好学，如炳烛之明。 ——刘向

辅导员寄语

辅导员签名：________

年　月　日

人生就是学校。在那里，与其说好的教师是幸福，不如说好的教师是不幸。

——海贝尔

大学是用来学习成长的。你已经用心采摘了大学生活中最有意义的收获——学习到了那些被称之为“成长的方法”的方法：思考的方法、学习的方法、为人处世的方法、生存发展的方法。你从思考中确立自我，从学习中寻求真理，从独立中体验自主，从计划中把握时间，从交流中锻炼表达，从交友中品味成熟，从实践中赢得价值，从兴趣中获取快乐，从追求中获得力量。于是，当你完成学业，挥手告别这最璀璨、最易逝的大学时光，迈出步入社会的第一步时，你能微笑着对自己说：“我已经做好了面对人生风雨的准备，我能行”！

正所谓“长风破浪会有时，直挂云帆济沧海”！

既然我已经踏上这条道路，那么，任何东西都不应妨碍我沿着这条路走下去。

——康德

第四编

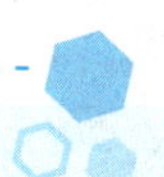

职业生涯规划第四步：求学与求职

未来的世界：方向比努力重要，能力比知识重要，健康比成绩重要，生活比文凭重要，情商比智商重要！

——（原）清华大学校长　顾秉林

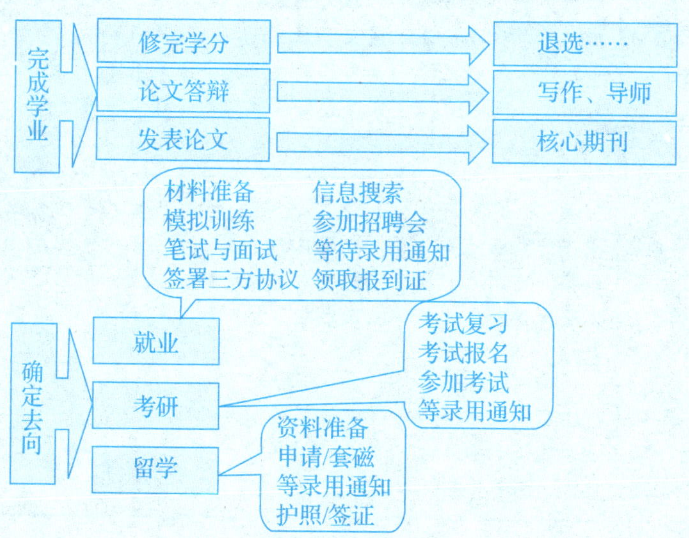

以下是职业生涯规划过程中可能会用到的一些参考资料，供同学们参考借鉴。

第一节 备战考研

一、考研的利弊分析

	考研的优势	考研的劣势	其他因素
立竿见影的影响	进入期望的学校，读自己喜欢的专业	复习准备的时间很漫长，枯燥，买资料听讲座花费较大	住在寝室复习可能会受到找工作同学的影响，心情起伏不定
短期影响(1～5年)	接受更为系统全面的教育，获得更广阔的个人展示舞台，为深入研究做好铺垫	读完研究生后年龄偏大，不受企业青睐；一些职业不需要研究生来做；如果考研失败就会错过应届生就业的机会	将继续离家三年，可能需要承受没考研的同学比自己生活得更丰富、更成功的冲击
中期影响（5～25年）	更高的职业起点，更全面的知识结构，可以为职业发展提供更坚实的基础	考研目的不明确可能造成更大的职业困惑	近几年研究生扩招，研究生毕业时就业人数更多，理想的工作更不易找到
长期影响(25年以上)	学历高的人一般能赚更多的钱，也有更大的晋升空间	理论联系实际的能力相对较弱，对社会了解不够	研究生的后劲很强

敢于浪费哪怕一个钟头时间的人，说明他还不懂得珍惜生命的全部价值。
——达尔文

二、考研专业、学校

专业、学校	描述
兴趣	兴趣是最好的老师，兴趣可以让人迸发出无限热情
就业	考上研究生后还是要面对就业，所以选择专业的时候还是要适当考虑该专业的就业前景
本专业	本专业考研的资料容易收集，教师熟悉，可以将主要精力放在外语和政治课的复习上，成功率较高
跨专业	重点在专业课学习上，资料收集量较大，复习量也较大，难度也更大
本校本专业	资料收集齐全，教师熟悉，环境熟悉，成功率高跨校本专业
跨校本专业	各校教材不同，观点不同，要大量收集报考学校的相关资料，还要分析历年真题
跨专业本校	利用本校优势，可经常到报考专业听课，也可以向本校该专业同学取经
跨专业跨校	这是考研中最难的一种，需要强大的决心和毅力，学习量、资料收集量都很大，最好亲自前往报考学校考察

励志故事

一个人在高山之巅的鹰巢里抓到了一只幼鹰，他把幼鹰带回家，养在鸡笼里。这只幼鹰和鸡一起啄食、嬉闹和休息。它以为自己是一只鸡。这只鹰渐渐长大，羽翼丰满了，主人想把它训练成猎鹰，可是由于终日和鸡在一起，它已经变得和鸡完全一样，根本没有飞的愿望了。主人试了各种办法，都毫无效果，最后他把鹰带到山顶上，一下将它扔了出去。这只鹰像块石头似的，直掉下去，慌乱之中它拼命地扑打翅膀，就这样，它终于飞了起来！

共同的事业，共同的斗争，可以使人们产生忍受一切的力量。

——奥斯特洛夫斯基

三、考研准备

准备名目	描述
物质准备	① 如果要选择外出居住，尽量选择离学校较近的住所，费用能够接受，而且要选择信得过的室友 ② 要认真准备考研复习资料，其中要了解所考学校指定的专业课复习资料，公共课复习资料准备不宜过早，应该选择教育部推荐的、紧密结合教学大纲的教材 ③ 报读相关课程，要详细了解办班机构的资历
制订计划	① 第一阶段，全面、认真阅读指定书目，夯实基础知识 ② 第二阶段，巩固和提高，要重点训练和专项突破，进一步熟悉相关知识 ③ 第三阶段，升华提炼和查漏补缺，善于归纳和总结，并进行强化考题训练
公共课复习	数学复习 ① 第一步是要把握重点概念和理解公式，多做课本里的习题 ② 第二步是开始尝试做真题，通过练习更加牢固掌握概念、定理和公式 ③ 第三步是大量模拟训练，提高解题速度和准确率
	外语复习 ① 基础好的同学可以在熟悉语法和单词的基础上开始大量阅读，基础薄弱的同学应该把主要精力放在语法、词汇和句式等基础知识的掌握方面 ② 选择专项训练，比如阅读专项、写作专项等，并开始大量阅读作文范文，并有意识记忆 ③ 坚持每周做题，提高速度，补充不足
	政治复习 ① 不要过急，最好等当年政治考试大纲出来后才进入复习 ② 可以参加一个政治辅导班，了解答题技巧 ③ 在理解的基础上开始背诵，并做一定的模拟习题 ④ 关注社会热点和难点问题

你热爱生命吗？那么别浪费时间，因为时间是构成生命的材料。

——富兰克林

四、考研过程

网上报名

① 每年9月有一次预报名
② 每年10月在中国研究生招生信息网正式报名
③ 进入网站，按照网上提示，如实、认真、仔细填写报名信息
④ 核对考试信息，并提交
⑤ 提交成功后，生成报名号，牢记报名号

现场确认

① 在当地要求的时间内到现场确认信息
② 带上报名号、身份证、学生证、学历证等到现场确认、缴费和照相
③ 认真、仔细核对考生信息，并签名、交表

考前准备

① 提前到考场踩点，认清前往考点路线，找到考试位置
② 如有必要，在考点附近预订房间
③ 认真阅读准考证，看清注意事项，看准考试时间
④ 带上考试相关工具，如准考证、身份证、2B铅笔、尺子、橡皮、钢笔、计算器等
⑤ 考前不要剧烈运动，要好好休息，保持心情愉快
⑥ 调好闹钟，提前起床，丰富早餐，准时到达

考试注意

① 仔细开启密封试卷袋，不要遗漏试卷和答题纸
② 拿到试卷，先填写姓名和考号
③ 不要紧张，边做边想，思路清晰
④ 合理安排答题时间，注意相关答题技巧
⑤ 认真检查，准时交卷

人类学会走路，也得学会摔跤，而且只有经过摔跤他才能学会走路。

——马克思

第二节 选择留学

一、留学的利弊分析

	出国的优势	出国的劣势	其他因素
立竿见影的影响	心理压力没有考研、就业那么大	需要埋头于辛苦的考试准备中	要有一定的生活适应能力
短期影响（1～5年）	接受更专业、更前沿的系统教育，获得更广阔的个人展示舞台	申请过程较复杂，存在语言的困难、障碍。对于身心的适应能力要求较高	家庭经济承受能力要求较高
中期影响（5～25年）	具有更高的职业起点，更为广阔的人生空间	回国后不熟悉国内就业市场，回国时的就业前景也许不那么乐观	在国外，不能与亲人团聚，要品味孤独
长期影响（25年以上）	具有国际化的教育背景和思维方式，更好的语言能力，更丰富的人生阅历	可能很难融入所在国家；可能高不成低不就，成为一辈子的“海漂”	思维开放，创新能力有所提升

二、留学选择

留学选择	内容描述
国家选择	① 考虑所选出国留学国家的教育水平，现在世界公认教育水平最高的是美国，然而其他国家也各有强项，需要认真了解 ② 考虑语言问题。我国外语教学以英语为主，所以首先要考虑英语交流水平。但如果要选择非英语的国家，还要考虑第二外语的学习问题

走得最慢的人，只要他不丧失目标，也比漫无目的地徘徊的人走得快。

——莱辛

（续表）

留学选择	内容描述
国家选择	③ 考虑生活问题。这是最实际的问题，要考虑所选留学的国家的总体消费水平、自身的承受能力、住房问题、饮食习惯问题、打工问题、社会治安问题等 ④ 考虑签证问题。要考虑留学国家的签证可能性以及以后工作、移民等问题
专业选择	① 尽量选择与本科所学专业或者与本科专业相关度较大的专业，学习起来比较轻松些 ② 考虑自己的特长和兴趣爱好，兴趣永远是最好的老师 ③ 考虑专业前景。要认真考虑热门和冷门专业的区别，根据社会需求，选择有发展潜力的专业 ④ 新兴交叉学科选择，这些学科申请人数少，也比较新颖，容易被录取，容易出彩
学校选择	① 先选专业，再选学校，选择一个排行榜靠前的学校，不如选择一个有好专业的学校 ② 通过各种途径了解学校情况，考虑所选学校的研究水平、教授情况、资金情况等 ③ 不要只选择一个学校，最好多考虑几个学校，对比情况后再作出选择 ④ 考虑所选学校能否颁发学历、学位，且学历、学位能否得到我国教育部门的承认
中介选择	① 考虑是否是合法的出国留学中介机构 ② 要签订出国留学协议，并注意双方的权利和义务是否合理 ③ 熟悉情况，多方收集资料，不要听信中介一面之词

一朵鲜花打扮不出美丽的春天，一个人先进总是单枪匹马，众人先进才能移山填海。——雷锋

三、留学准备

<table>
<tr><th>准备名目</th><th>描述</th></tr>
<tr><td rowspan="2">考试准备</td><td>托福
① 托福是“Test of English as a Foreign Language”的简称，是由美国教育考试服务中心颁发的，用于测试母语非英语考生的英语能力。托福的考试包括了听力、口语、阅读、写作四个部分，每部分30分，满分为120分，四部分的考试于一天内完成、成绩有效期为两年
② 阅读理解部分有三篇文章，每篇650～750个字，答题时间为60分钟
③ 托福注重听力训练，包括了长对话和授课部分
④ 托福口语包括六题，时间为20分钟。第一、二题为独立回答问题；第三、四题要求考生阅读一段文字，然后再听一段听力材料，最后由考生回答问题；第五、六题以听力材料为基础，要求考生回答相关问题
⑤ 托福写作共两个部分，时间为50分钟</td></tr>
<tr><td>雅思
① 雅思是“International English Language Testing System”的简称，由剑桥大学、英国文化委员会和澳大利亚高校国际开发署共同管理。雅思考试分为学术类考试和培训类考试，总分为9分，包括了听力、阅读、写作、口语。成绩有效期为2年
② 听力。雅思听力一定要注意单复数、大小写、数字等细节问题
③ 阅读。雅思阅读文章一般比较长，信息量比较大，内容也相当丰富，需要6000词左右的单词量
④ 口语。雅思的口语要求流畅、用词准确、语法正确、发音标准，并注意语速适中，仪态合适
⑤ 写作。雅思作文有两篇，要求逻辑严密，结构清晰，立场鲜明</td></tr>
</table>

每一种挫折或不利的突变，是带着同样或较大的有利的种子。

——爱默生

（续表）

准备名目	描述
	GRE ① GRE是“Graduate Record Exam”的简称，是美国研究生的入学考试，分为普通考试和专项考试两种，普通考试内容主要分为三部分，语文、数学和作文，满分为2400分；专项考试总分为1000分，成绩有效期为5年 ② GRE普通考试中作文部分需要上机考试，语文和数学则需要笔答，考生必须先完成机考，才能进行笔试。 ③ 作文。GRE作文要求有很好的语言能力、逻辑思维能力和修辞能力 ④ 语文。GRE语文部分包括阅读、填空和词汇，总分为800分 ⑤ 数学。GRE数学难度基本上相当于我国中学数学水平，较简单，但一定要能读懂题
申请材料	个人陈述 ① 个人陈述是所申请学校为全面了解申请人而要求提交的一份展现个人独特个性和经历的重要个人资料 ② 个人陈述必须要有明确的主题和逻辑结构，同时还要用实例充分论证个人的研究能力和学术潜力。个人陈述开头和结尾一定要写好，语言要简洁有力，切忌堆砌辞藻，更不能超过规定字数 ③ 个人陈述主要写申请学校的目的和个人的发展要求：为什么对专业感兴趣，有何学习目标和计划，有哪些背景支持你的目标和计划，个人有何特长，个人有何缺点，最能反映个人能力的事情是什么等
	推荐信 ① 推荐信是以一个旁观者的角度来介绍申请人，并对申请人做客观而真实的评价的材料。推荐人应该是学术领域的学者或专家 ② 如果可能，最好能请到所申请学校的教授来当你的推荐人 ③ 推荐信要用足够的论据来论证申请人的人品、能力、工作态度等，用事实来说话，同时还要表现出申请人的与众不同之处

上天完全是为了坚强你的意志，才在我们的道路上设下重重的障碍。

——泰戈尔

续表

准备名目	描述
	简历 ① 简历并不是所有学校都要求提交的，但也非常重要 ② 简历的内容一般包括：个人信息、申请目标、教育背景、获得荣誉、重大经历、发表著作、参加活动、能力爱好等
	其他材料 ① 有些文科还要求提交 Writing Sample ② 英国和我国香港地区的有些大学要求申请提交一份研究计划，包括题目、研究对象、研究背景、研究方法、研究意义等 ③ 申请表、成绩单等
出国准备	① 申请出入境需要户口簿、居民身份证、申请表、经济担保以及毕业证书、学位证书、录取函等 ② 携带抗生素、感冒药、创伤药、镇痛药等 ③ 携带工具书、计算器、衣物等生活学习用品

四、留学过程

（1）选择留学国家，确定申请的学校和专业（9月~次年3月）。

（2）向学校索取材料和申请表（9月~次年5月）。

（3）考试，包括托福、雅思、GRE、GMAT（Graduate Management Admission Test）等（最晚需在申请前一个半月完成考试）。

（4）准备一份充实的申请材料（6月~10月）。

（5）申请学校、奖学金（9月~12月，越早寄出材料越好，高峰期一般为10月~11月）。

（6）确认材料完整；递交；查询申请情况（12月~次年4月）。

（7）收到录取通知（2月~6月）。

（8）申请护照，办理签证，体检（6月~7月）。

（9）打点行装，准备出国（7月~8月）。

时间是由分秒积成的，善于利用零星时间的人，才会作出更大的成绩来。

——华罗庚

第三节　法律常识

每年的 7 月，既是略带伤感的毕业季，也是毕业生迎接新生活的开始，这一时期也是各单位新进员工入职的高峰。一批批应届毕业生走进各级机关和企事业单位，迈入自己的职场人生。一年来紧张而忙碌的求职给每位毕业生都留下了深深的印记，路途虽然坎坷崎岖，却也在期间有不少惊喜和收获，这其中最重要的莫过于最后与用人单位所签订的那份沉甸甸的合同。而对于初次就业的广大应届毕业生来说，劳动合同的内容和作用似乎还有点陌生，在这些薄厚不一、措辞各异的合同文本当中我们究竟该注意什么，哪些条款对我们今后的职业生涯尤为关键，所有这些都需要我们在事前对劳动合同有一个基本的认识和了解。下面围绕同学们在就业过程中常遇到的一些问题来进行探讨。

一、劳动合同中有关试用期的约定

【案例】　即将毕业的小李应聘某科技公司的销售工作，经过多次的笔试和面试，终于获得了公司的录用。随即公司人力资源部门电话通知小李，按公司规定在与新进员工签订劳动合同前，要与公司先签订一个试用期合同，期限为五个月。在试用期满后经过公司考核，达到公司关于试用期员工销售业绩的考核标准的，公司再与其签订劳动合同，否则，公司将不再聘用该员工。按公司相关规定，试用期内小李工资为 1500 元，正式合同期内小李工资为 4500 元。在小李试用期刚满三个月的时候，公司突然通知小李，以“试用期不符合录用条件为由”与小李解除合同。公司的这种做法合法吗？作为劳动者小李应该如何保护自己的劳动权利呢？

【解析】　根据《中华人民共和国劳动合同法》（简称《劳动合同法》）第十七条的规定，劳动合同期限是劳动合同的必备条款，必须在劳动合同中作出明确约定。而试用期则是选择条

衡量人生的标准是看其是否有意义，而不是看其有多长。

——普鲁塔克

款，可以约定也可以不约定。但用人单位一般都会在劳动合同中作出约定，以便通过试用期考察劳动者的职业道德、工作能力、工作态度等，判断劳动者是否符合录用条件。另外，试用期内法律也赋予了劳动者较为自由的解除劳动合同关系的权利。因此，试用期是指包括在劳动合同期限内，劳动关系处于非正式状态下，法律所赋予的用人单位和劳动者之间进行双向考察的期限。在本案中，有关试用期的问题主要涉及以下三个问题。

第一，用人单位与劳动者能直接签订试用期合同吗？

根据《劳动合同法》第十九条第四款规定："试用期包含在劳动合同期限内。劳动合同仅约定试用期的，试用期不成立，该期限为劳动合同期限。"由此可知，试用期是包含在劳动合同期限内的，并不能单独制定试用期合同，否则该试用期将被认定为劳动合同期限。据此规定，用人单位与劳动者约定试用期条款的前提首先是同时约定了长于试用期期限的劳动合同期，如没有此前提，则双方就试用期的约定即使有协商的合意存在，也无法生效，反而会产生试用期期限"被视为劳动合同期限"的效果。因此，本案中，公司与小李签订五个月试用期合同的做法是不符合法律规定的。

第二，试用期与"转正"后的工资差距到底能有多大？

现实生活中我们经常遇到如同本案中小李的境遇，即试用期工资远远低于转正后的正式工资的情况。根据《劳动合同法》的相关规定，劳动者在试用期的工资不得低于本单位相同岗位最低档工资或者劳动合同约定工资的百分之八十，并不得低于用人单位所在地的最低工资标准。按照这一规定，试用期工资要符合三项标准，即不得低于"本单位相同岗位最低档工资"、"用人单位所在地最低工资标准"以及"劳动合同约定工资的百分之八十"，而非可以由用人单位和劳动者随意就两个数额进行自主约定。换句话说，如果双方就试用期工资的约定数额未达到劳动合同约定工资的百分之八十，或是低于当地最低工资标准，或是本单位相同岗位最低档工资的话，用人单位即可能面临被员工要求承担"未足额发放劳动者劳动报酬"的法律责任。因此，本案中，公

对于害怕危险的人，这个世界上总是有危险的。

——萧伯纳

司对员工试用期工资设定为 1500 元，劳动合同期工资设定为 4500 元的做法显然是违反法律规定的。

第三，单位能以“不符合录用条件”为由解除与小李的劳动合同吗？

根据《劳动合同法》的相关规定，劳动者在试用期间被证明不符合录用条件的，用人单位可以解除劳动合同。根据此条规定，用人单位以劳动者试用期不符合录用条件为由解除劳动合同的时间前提有两项：一是用人单位与劳动者约定了合法有效的试用期，二是劳动者正处于试用期。两者不可缺一。本案中，由于双方仅仅约定了试用期，根据相关法律规定，该试用期即被认定为劳动合同期，也就是说公司并没有与小李约定合法有效的试用期，因此，当然不能再以“不符合录用条件”为由解除其劳动合同。

【策略】　面对以上的职业境遇，作为刚进入职场的小李该如何维护自己的权益呢？根据《劳动合同法》及相关法律的规定，小李大致可以采取以下措施。

一是要求公司继续履行劳动合同。根据《劳动合同法》第四十八条规定，“用人单位违反本法规定解除或者终止劳动合同，劳动者要求继续履行劳动合同的，用人单位应当继续履行”。本案中，公司在小李工作刚满三个月的时候即提出解除劳动合同，对于五个月期限的劳动合同而言显然没有履行完毕，作为劳动者而言，对于用人单位的违约解约行为可以要求继续履行。

二是可以请求支付赔偿金。根据《劳动合同法》第八十七条规定：“用人单位违反本法规定解除或者终止劳动合同的，应当依照本法第四十七条规定的经济补偿标准的二倍向劳动者支付赔偿金。”同时按照《劳动合同法》第四十七条规定，李某的劳动合同期限不满 6 个月，经济补偿的标准是半个月工资 750 元，2 倍即为 1500 元。

二、劳动合同中有关违约金、年终奖的约定

【案例】　2012 年，大学应届毕业研究生小张被北京某大型企业录用。在小张与公司签订的劳动合同中约定：① 劳动合同期

人的感情和行为千差万别，正如在鹰钩鼻子与塌鼻子之间还可能有各式各样的鼻子。

——歌德

限为三年；② 公司为小张申请办理北京市户口；③ 如果小张在服务期内提出辞职，应支付三万元违约金给公司。另外，公司老总在对小张进行面试时，曾口头承诺，如果小张业绩好，可以在年底得到一个大红包。劳动合同签订后，公司为小张办理了留京手续。小张在工作中异常努力，取得了非常不错的工作业绩。但到了第二年年底，公司却始终未提年底红包的事情。于是，小张向公司提出辞职，并要求公司支付年底红包；公司书面答复不同意，并且以小张违约为由将其告至劳动争议仲裁委员会，要求其支付违约金。

在本案中，小张是否应该向公司支付违约金？公司承诺的年底红包是否有法律效力呢？

【解析】 实践中很多用人单位动辄在劳动合同中对劳动者约定高额违约金，以此“圈”住劳动者，而不是通过适当的待遇和和谐的劳动关系留住劳动者。根据《劳动合同法》规定，“除本法第二十二条和第二十三条规定的情形外，用人单位不得与劳动者约定由劳动者承担违约金”。这是《劳动合同法》中关于违约金的原则性的规定，即原则上是不能约定违约金的。除非有两项例外，即用人单位为劳动者提供专项培训费用并与之依法约定服务期的情形以及依法约定竞业限制义务的情形。如果企业在合同期内为员工的成长和发展进行了专项的培训或是教育投入，这种情况下单位除了和劳动者签订劳动合同之外还可以与其签订服务期合同，在劳动者没有按照服务期合同约定的期限履行合同时，就可按照服务期合同中约定的违约金要求劳动者赔偿。但需要注意的是，赔偿的数额以用人单位的培训费用为限。而对于公司的高管和其他涉密的人员，公司也往往对这些人员赋予了更多的义务，如与其签订竞业限制协议。如果劳动者在解除劳动合同之后违反了竞业限制协议，则有可能会面临承担违约赔偿的风险。除此之外，任何关于违约金的约定都会因“与法律的强制性规定相抵触”而无效。本案中，公司为小张申请办理北京市户口的行为显然并未构成《劳动合同法》中关于约定违约金的法定条件，因此该约定当属无效条款。

理想是指路明灯。没有理想，就没有坚定的方向；而没有方向，就没有生活。

——列夫·托尔斯泰

另外，我们也经常会遇到这样的情况，很多用人单位在招录新员工时，为了将其留住，都会在面谈时给出一些口头承诺，如薪酬、社保、出国深造机会等，从而使得应聘者最终将就业选择留给了自己。但往往当正式签订劳动合同时，劳动者或迫于情面或法律意识的缺乏或过于相信单位的口头承诺，总是未将面谈时公司对自己的承诺在劳动合同中作出确认和体现。这样做的最终结果是，即使争议发生，劳动者也很难维护自己的合法权益，本案即是如此。

“口头承诺”由于现实中很难举证等原因，在仲裁和诉讼中很难发挥实际的作用。由于“口头承诺”这样一种极为随意的表达方式，很难在事后让第三方客观地知晓当时发生在当事人双方的具体事件，即所谓“口说无凭”。因此，用人单位和劳动者应当在入职签订劳动合同时，就将双方约定的各项内容约定明确，尤其是劳动者。如此，一旦发生相关争议，也可要求按照劳动合同约定执行，从而保护己方的合法权益。

【策略】　对于经常在劳动合同中出现的违约金条款，除了法律规定的两种特殊情况外，都当属无效条款。因此大学生在面对一些用人单位签订劳动合同时无理签订违约金条款的行为，应当心中有数。既然是违法约定，将来产生法律纠纷时也是无法据此而向劳动者主张违约赔偿的。另外值得注意的是，单位在为员工提供专项培训或教育时往往与员工签订含有高额违约金条款的服务期协议，这时作为劳动者也应当知道，超过单位培训或教育投入的部分将来也是很难得到劳动仲裁或是法院支持的。

另外，作为即将入职的大学生还应当注意以下十个方面的问题。

第一，用人单位须在用工起一个月内与劳动者签订劳动合同，否则就要支付劳动者两倍工资。

第二，单位需要在用工后为劳动者缴纳社保。

第三，劳动合同未满，用人单位不能随意与劳动者解除合同，否则构成违约，需要支付经济赔偿金；劳动合同期满，除劳动者不愿续签外，单位拒绝续签合同需要支付经济补偿金。

一个人的真正价值首先决定于他在什么程度上和在什么意义上从自我解放出来。——爱因斯坦

第四，用人单位招用劳动者，不得扣押劳动者的居民身份证和其他证件，不得要求劳动者提供担保或者以其他名义向劳动者收取财物。

第五，劳动合同应当具备以下条款：

（1）用人单位的名称、住所和法定代表人或者主要负责人；

（2）劳动者的姓名、住址和居民身份证或者其他有效身份证件号码；

（3）劳动合同期限；

（4）工作内容和工作地点；

（5）工作时间和休息休假；

（6）劳动报酬；

（7）社会保险；

（8）劳动保护、劳动条件和职业危害防护；

（9）法律法规规定应当纳入劳动合同的其他事项。

劳动合同除前款规定的必备条款外，用人单位与劳动者可以约定试用期、培训、保守秘密、补充保险和福利待遇等其他事项。

第六，劳动合同期限三个月以上不满一年的，试用期不得超过一个月；劳动合同期限一年以上不满三年的，试用期不得超过二个月；三年以上固定期限和无固定期限的劳动合同，试用期不得超过六个月。

同一用人单位与同一劳动者只能约定一次试用期。

以完成一定工作任务为期限的劳动合同或者劳动合同期限不满三个月的，不得约定试用期。

试用期包含在劳动合同期限内。劳动合同仅约定试用期的，试用期不成立，该期限为劳动合同期限。

第七，劳动者在试用期的工资不得低于本单位相同岗位最低档工资或者劳动合同约定工资的百分之八十，并不得低于用人单位所在地的最低工资标准。

第八，用人单位应当严格执行劳动定额标准，不得强迫或者变相强迫劳动者加班。用人单位安排加班的，应当按照国家有关

一个人的活动，如果不是被高尚的思想所鼓舞，那它是无益的、渺小的。 ——车尔尼雪夫斯基

规定向劳动者支付加班费。

第九，在进入职场前，劳动者对就业单位的以下相关信息应熟知：

（1）了解用人单位的名称、住所和法定代表人或者主要负责人；

（2）了解工作内容和工作地点，以防止日后用人单位不合理地调岗和变更工作地点；

（3）了解工作时间和休息休假，确保自己定额内及定额外的劳动均可获得法定对价；

（4）了解劳动报酬及社会保险，防止日后在劳动报酬、休假工资、经济补偿金基数计算等方面，陷入举证不利的境地；

（5）了解劳动保护、劳动条件和职业危害防护，对已有或潜在人身危险及风险有足够把握。

第十，在进入职场后，应详尽了解就业单位的劳动规章和纪律。

根据相关法律规定，劳动者严重违反用人单位的规章制度的，用人单位可以解除劳动合同。但何谓“严重违反用人单位的规章制度”，法律法规均未作出具体规定和细化，而是要求用人单位在企业规章制度中加以明确和界定。因此，不同的用人单位对“严重违纪”的界定多多少少会存在不同，尤其是一些特殊行业或企业，往往对内部员工存在一些特殊的行业或企业要求。因此，劳动者在迈入一家新的用人单位之后，首先应对其纪律要求有清晰、明确的认识和学习。很多劳动者对《劳动合同》以及相关附件的签收较为程序化，只履行程序，不知晓内容，莫名其妙地背负上了“违纪”之名，极为被动。

生活不能没有理想。应当有健康的理想，发自内心的理想，来自本国人民的理想。

——季米特洛夫

附　录

凡事豫则立，不豫责废。言前定则不跲，事前定则不困，行前定则不疚，道前定则不穷。

——《礼记・中庸》

大学学什么

李开复先生说，大学期间你应当掌握七项学习，包括自修之道、基础知识、实践贯通、培养兴趣、积极主动、掌控时间、为人处世。大学四年，你会从思考中确立自我，从学习中寻求真理，从独立中体验自主，从计划中把握时间，从表达中锻炼口才，从交友中品味成熟，从实践中赢得价值，从兴趣中获取快乐，从追求中获得力量。离开大学时，只要做到了这些，你最大的收获就绝不会是“对什么都没有忍耐和适应”，而应当是“对什么都可以拥有的自信和渴望”，你就能成为一个有潜力、有思想、有价值、有前途的中国未来的主人翁！

自修之道：主动走在老师的前面，理解所学知识并善于提出问题，充分利用各种资源。

基础知识：学好数学、英语、计算机以及本专业要求的基础课程。

实践贯通：选修相关的专业课，合作学习，帮老师做项目，寻找培训、实践的机会。

培养兴趣：开阔视野，接触众多的领域，寻找兴趣点，“选你所爱”，并尝试“爱你所选”，确立自己终身的志向。

积极主动：态度积极，敢于负责，做好充分的准备，“以终为始”。

掌控时间：学会协调重要事和紧急事的关系，用乐观的态度和宽广的胸怀接受那些你暂时不能改变的事情，多关注那些你能够改变的事情。

为人处世：以诚待人，以责人之心责己，以恕己之心恕人；培养真正的友情；培养团队精神和沟通能力；从周围的人身上学习；提高自身的修养和人格魅力。

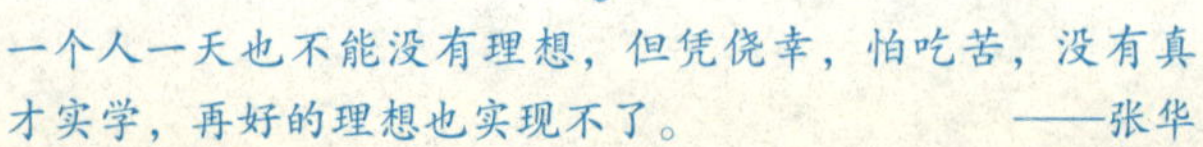

一个人一天也不能没有理想，但凭侥幸，怕吃苦，没有真才实学，再好的理想也实现不了。——张华

大学生与高中生的区别

高中生	大学生
青涩 被动 单纯	渐渐成熟 主动 增长智慧
高中的生活	**大学的生活**
忙碌 比较单调 被家庭保护着	自主安排 不断积累经验 独立自主
高中的学习	**大学的学习**
为分数学习 依靠书本 竞争	自主学习 独立思考 合作

	高中	大学
最初的适应	和初中差不多	自己安排生活，自我保护，克服对家的想念，与远方的父母沟通
寝室相处	没住过校；同寝室是同乡人，比较容易相处	必须住校，室友之间差异很大，矛盾冲突较多
温馨提示	时刻想着他人。集体生活要相互照顾，互谅互让，早起晚睡尽量避免发出声音；尊重他人，使用别人的东西要征得物主同意，主人若不在，应留言、解释；宽容忍让，弄坏你的东西不必太计较，弄坏他人的东西要道歉；相互帮助，应关心、照顾生病或身体不适的室友，体贴、照料以化解思乡之情	
个人理财	只有零花钱	每个月有一笔生活费，学会节俭消费，会有奖学金、贷款、兼职收入

检验一个人的理想之果如何，不是看他从社会上得到什么，而是看他给了人类什么。——王伯勋

（续表）

	高中	大学
时间管理	早自习+8节课+晚自习，父母和老师复杂管理	一周只有约20节课，自己安排大量的课余时间，应用时间管理
自我激励	依赖父母，有自由无责任，高考就是唯一目标	培养独立人格，学会承担责任，开始第一次人生规划
学会学习	考高分，紧跟老师走，老师会教应试方法	想学到东西，自主学习，学习并掌握学习方法
温馨提示	找准兴趣点，坚持每天“精专”学习一小时，持之以恒，四年后成为此方面的“小专家”	
了解老师	很累，考试的高级参谋	压力很大，知识殿堂的引路人
温馨提示	有机缘的话尝试与教授、优秀教师成为忘年交，结交志同道合、友谊维系一生的朋友，结交如良师的诤友、畏友、挚友、密友、学友	
应对考试	方式单一，大学的敲门砖	五花八门，考研、出国的重要砝码
温馨提示	最好在大一，最迟在大二考英语四级，因高考时的英语基础较扎实，稍微准备下就能通过。越推后考过的希望越小，很多同学考了三四次不过，而且成绩一次比一次差	
课余生活	单调（有球打就是幸福），休息的黄金时光	丰富（但必须积极才行），锻炼能力的最佳时机
温馨提示	培养一项业余爱好；根据兴趣与特长选择社团，“我选择我喜欢”，以充分施展才华；部分社团交纳一定会费是“正常”的；参加社团要少而精，一旦加入就认真履行职责，要务实、有意义；不要因为社团活动耽误学业，以免得不偿失。做一份和自己专业相关的兼职	
寻求帮助	找班主任，找任课老师，找心理老师（如果有）	找辅导员，找任何你想找的老师，找就业指导、职业规划、心理辅导的老师

一个人有了远大的理想，就是在最艰苦困难的时候，也会感到幸福。

——徐特立

SWOT 分析法表格

目前职业规划的方法很多，SWOT 分析法是其中行之有效的一种。SWOT 分析法又称“态势分析法”，是20世纪80年代初美国旧金山大学管理学教授提出来的，这种方法将与研究对象密切相关的各种主要内部优势、劣势，外部的机会和威胁等通过调查列举出来，并依照矩阵形式排列，然后用系统分析思想把各种因素加以分析，从中得出一系列相应的结论。其方法主要有：分析环境因素、构造 SWOT 矩阵、制订行动计划。

一、分析环境因素

内容	内容分析
优势（S）	个人的内部因素，包括自身竞争力、优越教育背景、良好个人形象、专业技能、心理素质、社会关系等
劣势（W）	个人内部因素，包括价值观陈旧、自我管理不当、缺少竞争力、心理障碍、社会关系不足、专业技能缺乏等
机会（O）	个人的外部因素，包括新职业、新行业、新需求、竞争对手等
威胁（T）	组织结构的外部因素，包括新竞争对手、市场需求降低、行业政策多变、经济衰退、突发事件等

二、构造 SWOT 矩阵

将以上分析得出的因素按照一定的顺序排列，构造 SWOT 矩阵。对个人职业发展有直接的、重要的、大量的、迫切的影响因素优先列举出来，将间接的、次要的、短暂的影响因素排列在后面。

三、制定行动计划

就是运用系统分析的方法对各种影响因素进行系统的分析，最后制定出个人未来职业发展的行动计划。

高尚的道德情操和道德行为与追求美的理想这两者常常统一在一起，是密不可分的。 ——周扬

初入职场人际关系处理要点

人际关系是职业生涯中一个非常重要的课题，特别是对大公司企业的职业人士来说，良好的人际关系是舒心工作、安心生活的必要条件。如今的毕业生，绝大部分是独生子女，刚从学校里出来，自我意识较强，来到错综复杂的来到社会大环境里，更应在人际关系中调整好自己的位置。

一、处理职场关系的要点

1. 对上司——先尊重后磨合

任何一个上司（包括部门主管、项目经理、管理代表），干到这个职位上，至少有某些过人处。他们丰富的工作经验和待人处世方略，都是值得我们学习借鉴的，我们应该尊重他们精彩的过去和骄人的业绩，但每一个上司都不是完美的，所以在工作中，唯上司命是听并无必要，但也应记住，给上司提意见只是本职工作中的一小部分，尽力完善、改进、迈向新的台阶才是最终目的。要让上司心悦诚服地接纳你的观点，应在尊重的氛围里，有礼有节有分寸地磨合。不过，在提出质疑和意见前，一定要拿出详细的足以说服对方的资料或建议。

2. 对同事——多理解慎支持

在办公室里上班，与同事相处得久了，对彼此之间的兴趣爱好、生活状态，都有了一定的了解。作为同事，我们没有理由苛求别人为自己尽忠效力。在发生误解和争执的时候，一定要换个角度、站在对方的立场上为别人想想，理解一下别人的处境，千万别情绪化，把别人的隐私抖了出来。任何背后议论和指桑骂槐，最终都会在贬低对方的过程中破坏自己的大度形象，而受到旁人的抵触。同时，对工作我们要拥有挚诚的热情，对同事则必须选择慎重地支持。支持意味着接纳别人的观点和思想，而一味地支持只能导致盲从，也会滋生拉帮结派的嫌疑，影响公司决策

莫扎特从不为永恒作曲，但是正因为这个理由，所以他的许多作品均是永恒的。——爱因斯坦

层的信任。

3. 对朋友——善交际勤联络

俗话说得好：树挪死，人挪活。在现代竞争激烈的社会，铁饭碗不复存在，一个人很难在同一个单位终其一生。所以多交一些朋友很有必要，正所谓朋友多了路好走。因此，空闲的时候给朋友打个电话、写封信、发个电子邮件，哪怕只是只言片语，朋友也会心存感激，这比邀上大伙吃一顿更有意义。

有位青年人在一个大公司一时难展才华，心情郁闷。朋友得知后，邀他到一家略小的企业试试，结果如鱼得水，半年之内就荣升部门主管，这就是交朋友的好处。一个电话，一声问候，就拉近了朋友的心，如此亲切的朋友，有好机会能不先关照你吗？

4. 对下属——多帮助细聆听

在工作生活方面，只有职位上的差异，人格上都是平等的。在员工及下属面前，我们只是一个领头带班的而已，没有什么了不得的荣耀和得意之处。帮助下属，其实是帮助自己，因为员工们的积极性发挥得愈好，工作就会完成得愈出色，也让你自己获得了更多的尊重，树立了开明的形象。

而聆听更能体味到下属的心境和了解工作中的情况，为准确反馈信息、调整管理方式提供了详实的依据。美国一家著名公司负责人曾表示：当管理者与下属发生争执，而领导不耐心聆听疏导，以至于大部分下属不听指挥时，我首先想到的是换掉部门管理者。

5. 向竞争对手——露齿一笑

在我们的工作生活中，处处都有竞争对手。许多人对竞争者四处设防，更有甚者，还会在背后冷不妨地“插上一刀踩上一脚”。这种极端的方式，只会拉大彼此间的隔阂，制造紧张气氛，对工作无疑是百害无益的。其实，在一个整体里，每个人的工作都很重要，任何人都有可爱的闪光之处。当你超越对手时，没必要蔑视别人，别人也在寻求上进；当别人在你上面时，你也不必存心添乱找茬，因为工作是大家团结一致努力的结果。无论对手

莫扎特从不为永恒作曲，但是正因为这个理由，所以他的许多作品均是永恒的。 ——爱因斯坦

如何使你难堪，千万别跟他较劲，轻轻地露齿微笑，先静下心干好手中的工作吧！说不定他仍在原地怨气，你已完成出色的业绩。露齿一笑，既有大度开明的宽容风范，又有一个豁达的好心情，还担心败北吗？说不定对手早已在心里向你投降了

二、职场交际的注意事项

（1）职场“私人问题五不问”。第一不问收入（痛苦来自比较），第二不问年纪（特别是临近退休者和白领丽人），第三不问婚姻家庭，第四不问健康状态，第五不问个人经历（英雄不问出处，重在现在）。

（2）乘车礼仪。双排轿车上哪个位置为尊（上座）？客人坐在哪里，哪里就是上座（主随客便，恭敬不如从命）；具体讲，有三个上座，其判断标准为“社交场合不同，人际关系不同，则轿车位次不同”。社交场合：主人开车，副驾驶座为上座；商务场合：专职司机，后排右座为上（根据国内交通规则而定），副驾驶座为随员座；VIP上座（安保上座），为司机后面那个座位，安全系数最高，副驾驶座为末座。

（3）座次礼仪。公司会议，主席台上董事长和总经理座次安排有三个基本原则：①前排高于后排；②中央高于两侧；③政务活动中以左为上，国际惯例或商务活动中以右为上（左右指就座人之间的左右，与观众视角无关）。

（4）电梯礼仪。陪同引导人员引导客人上楼的前后顺序：如果客人认路，进出门、上下楼，前面位置为尊；客人不认路，则应在客人左前方。

（5）去别人家做客，当主人的话可多可少，甚至经常劝你喝茶或提建议看看电视时，你就该告辞了。人总是在感到无话可说时，才提醒别人做一些无关紧要的事。再待下去，你可能就不受欢迎了。

（6）正在跟上司汇报工作，他的眼睛没有专注地看着你，或者他的手指不经意的在桌子上扣几下，很可能他已对你的汇报不满意了。如果你进去时，他脚正在桌子下无聊地晃动，你说话

莫扎特从不为永恒作曲，但是正因为这个理由，所以他的许多作品均是永恒的。 ——爱因斯坦

间，他的脚忽然间停止了晃动，那他已经对你的话产生了浓厚的兴趣。

(7) 和一个新认识的人谈话时，他的双手总是在不经意间抱在胸前，那表明他还是对你有所防备的，所以，在让他相信你以前，最好还是谨慎为之。

(8) 在酒桌上，一个向你频频敬酒的人，不是有求于你，就是对你有敌意，所以你还是尽快的分析一下，究竟自己属于前者还是后者。前者就赶快把话题引过去答应他，后者你就要装醉了。

(9) 一个人向你发出了邀请，你兴致勃勃地落实邀请时，他忽然顾左右而言他。其实，他的邀请不过是顺口一来的说法，你就不要追究下去了，除非你想让他讨厌。

(10) 避免和同事公开对立（包括公开提出反对意见，激烈的争吵更不可取）。在一个同事的后面不要说另一个同事的坏话。要坚持在背后说别人好话，别担心这好话传不到当事人耳朵里。如果有人在你面前说某人坏话时，你要微笑。

(11) 新到一个地方，不要急于融入到其中哪个圈子里去。等到了足够的时间，属于你的那个圈子会自动接纳你。

(12) 尽量不要发生办公室恋情，如果实在避免不了，那就在办公室避免任何形式的身体接触，包括眼神。

(13) 无论发生什么事情，都要首先想到自己是不是做错了。如果自己没错（那是不可能的），那么就站在对方的角度，体验一下对方的感觉；发现你的失误没有告诉你，比告诉你要可怕得多，特别是两个人处于竞争的工作状态时。

(14) 经常帮助别人，但是不能让被帮的人觉得理所应当；不要把别人的好，视为理所当然，要知道感恩；好心有时不会有好结果，但不能因此而灰心。

(15) 不要推脱责任（即使是别人的责任）；对事不对人；或对事无情，对人要有情；或做人第一，做事其次；让自己去适应环境，因为环境永远不会来适应你；遵守时间，但不要期望别人也遵守时间。

莫扎特从不为永恒作曲，但是正因为这个理由，所以他的许多作品均是永恒的。 ——爱因斯坦

（16）嘴要甜，平常不要吝惜你的喝彩声（会夸奖人，好的夸奖，会让人产生愉悦感，但不要过头到令人反感）；少说多做；言多必失，人多的场合少说话；信首诺言，但不要轻易许诺；更不要把别人对你的承诺一直记在心上并信以为真。

（17）待上以敬，待下以宽。要有礼貌。打招呼时要看着对方的眼睛。以长辈的称呼和年纪大的人沟通，因为你就是不折不扣小子辈；资历非常重要，不要和老家伙们耍心眼斗法；经常检查自己是不是又自负了，又骄傲了，又看不起别人了（即使你有通天之才没有别人的合作和帮助也是白搭）；低调一点，低调一点，再低调一点（要比临时工还要低调，可能在别人眼中你还不如一个干了几年的临时工呢）。

莫扎特从不为永恒作曲，但是正因为这个理由，所以他的许多作品均是永恒的。——爱因斯坦